Marion Küstenmacher

Der Purpurtaucher

Das Buch

Mystik ist die abenteuerliche Tiefseereise unseres Bewusstseins zu seiner innersten Quelle, dem göttlichen Urgrund aller Erscheinungen. Marion Küstenmacher hat dafür aus dem Weisheitsschatz der Mystik leuchtende und inspirierende Seelenbilder gehoben und auf originelle Weise mit moderner Psychologie, Kunst und integraler Philosophie verknüpft. Am Ende jedes Kapitels finden sich zahlreiche neue, kreative Bewusstseinsübungen, mit deren Hilfe man die Erkenntnisse von Mystikerinnen und Mystikern aus 2000 Jahren für sich selbst ausprobieren kann.

Die Autorin

Marion Küstenmacher, evangelische Theologin und Germanistin, veröffentlichte bereits zahlreiche Bücher zu Lebenshilfe und Spiritualität. Seit über 25 Jahren hält sie Seminare, Vorträge und begleitet Menschen in Exerzitien und Einzelberatung.
Ihr derzeitiger Schwerpunkt liegt auf integraler Persönlichkeitsbildung, Prozesstheologie und interreligiöser Mystik. 2010 wurde sie als Autorin mit dem Argula-von-Grumbach-Preis ausgezeichnet. Mit ihrem Mann, dem Autor Werner Tiki Küstenmacher, lebt sie in Gröbenzell bei München.

Marion Küstenmacher

Der Purpurtaucher

Vom inneren Wachsen mit Bildern der Mystik

HERDER

FREIBURG · BASEL · WIEN

HERDER spektrum Band 6655

MIX
Papier aus verantwor-
tungsvollen Quellen
FSC® C083411

© Verlag Herder GmbH, Freiburg im Breisgau 2017
Alle Rechte vorbehalten
www.herder.de

© Vier-Türme GmbH, Verlag, Münsterschwarzach 2015

Umschlaggestaltung: wunderlichundweigand, Stefan Weigand
Umschlagmotiv: © wbritten/iStock

Herstellung: CPI books GmbH, Leck

Printed in Germany

ISBN 978-3-451-06655-9

Inhalt

1

Der Purpurtaucher

Du bist des Tauchers Kleidung,
die abgelegt am Strand liegt.
Du bist das Meer ...
▬▬▬ Dschelaleddin Rumi

Kein Mystiker ist jemals fertig vom Himmel gefallen. Mystiker wird man auch nicht automatisch durch ein außergewöhnliches spirituelles Erlebnis. Mystiker sind Menschen, die sich allesamt dadurch auszeichnen, dass sie auf der Suche nach Gott irgendwann anfingen, ihren Geist regelmäßig auf die verschiedenen Bewusstseinszustände in ihrem Inneren zu richten – und dabei fündig wurden. Beharrlich und teilweise gegen viele innere wie äußere Widerstände folgten sie ihrem tiefsten Wesen, das ihnen den Weg wies. Dieser Weg führt einen spirituellen Sucher ebenso in die Tiefen und Untiefen seines eigenen Bewusstseins wie in die unergründliche Tiefe Gottes, den Urgrund aller Wirklichkeit.

»Der Geist erforscht alle Dinge, auch die Tiefen der Gottheit«, schreibt Paulus (1 Kor 2,10). Der alte Begriff »Versenkung« für Kontemplation verdeutlicht das sehr schön. Er bedeutet ursprünglich »sich sinken lassen« und ist aktiv und passiv zugleich. Mein Lieblingsbild für die mystische Suche ist darum das eines Tauchers, der sich ins Meer sinken lässt, um in der Tiefe so lange nach Schätzen zu tauchen, bis er schließlich begreift, dass der größte Schatz das Meer selbst ist, in dem er sich längst befindet.

Nach der Purpurschnecke tauchen

Die alten Griechen hatten einen plastischen Begriff für diese mutige Such-bewegung: das Verb καλχαίνω, kalchaino. Es bedeutete ursprünglich »Purpur erzeugen« und stand bildlich für verzehrende Sehnsucht, für dunkel aufgewühlte stürmische See und für den Tauchgang in die Tiefe des Meeres, auf dessen Grund mutige Taucher nach der kostbaren Purpurschnecke suchen. Purpur ist seit der Antike der exquisiteste Farbstoff der Welt. Man muss zehntausend Purpurschnecken vom Meeresgrund holen, um den Farbstoff für das Färben eines einzigen Kilos Wolle gewinnen zu können. Noch heute ist echter Purpur etwa 300-mal so teuer wie Gold, ein einziges Gramm reiner Purpur kostet weit über 2000 Euro. Der nach einem komplizierten Ausscheidungsprozess gewonnene Farbstoff hat anfangs keineswegs die spektakuläre Purpurfarbe, sondern ist milchig-weiß bis blassgelb. Erst durch eine Enzymreaktion während der Einwirkung von Luft und Licht erfährt er seine wundersame Transformation. Der Farbprozess läuft von Gelb nach Hellgrün, zu Dunkelgrün und Blau, bis er schließlich bei Purpurrot oder Tiefviolett endet.

Da der Farbstoff so teuer war, waren Jahrhunderte lang nur die Gewänder hoher Herrscher und geistlicher Würdenträger purpurn. Hohepriester, Kardinäle, der Papst oder jüdische Oberrabbiner trugen das seltene Purpur und verliehen der Farbe eine exquisite geistliche Symbolik. Auch die Toga der römischen Kaiser war purpurn. Junge Könige trugen einen in grünem Purpur eingefärbten Mantel, der sich erst im Lauf der Zeit durch Licht- und Lufteinwirkung in das würdevolle Purpurrot verwandelte. So vollzog der Mantel symbolisch vor aller Augen die allmähliche Wandlung seines Trägers von einem unreifen Anfänger, der noch grün hinter den Ohren war, zu einem reifen, erfahrenen und selbstbewussten Herrscher, der aus eigener Autorität von innen heraus sprechen und handeln konnte. Weil der Grundstoff für Purpur aus der geheimen Tiefe des Meeres kommt und erst Himmelslicht und Luft die endgültige Farbe erzeugen, wurde Purpur auch als Farbe des schöpferischen GEISTES (ich schreibe hier im

Buch das Wort GEIST immer groß, um damit die göttliche Fülle des unendlichen Bewusstseins mitten in uns auszudrücken, die klassisch auch
mit HEILIGEM GEIST bezeichnet wird) betrachtet – Gottes Atem selbst
hatte beim Färben mitgewirkt.

Wir können das Wort *kalchaino* also auch in ganz spirituellem Sinn
benutzen, um auszudrücken, dass wir bereit sind, unermüdlich in unsere
eigene Tiefe hinabzutauchen, das verborgene Purpurmeer des GEISTES
von innen her zu erforschen und uns ganz von ihm »einfärben« zu lassen.
Aber wie gelangen wir in dieses Purpurmeer des GEISTES? Indem wir uns
wie die Mystiker ganz und gar für den gegenwärtigen Augenblick öffnen.
Henri Boulad, ein ägyptisch-libanesischer Mystiker, fand dafür folgende
Worte: »Man sollte lernen, in die Gegenwart einzutauchen wie ein Taucher ins Meer, vollständig. Mit Leib und Seele sollen wir uns in dieses
Hier und Jetzt versenken und alles an die Gegenwart hingeben ... Das
Jetzt offenbart mir diese Fülle, ihm muss ich mich zuwenden und öffnen.«

Das Element der Tiefe

Jede Seele hat ein natürliches Maß für die vorhandene Tiefe in allem
Wirklichen. Und was eine Seele in der Kontemplation leisten kann, ist
ein Aufdecken dieser Tiefe. Sie führt mich zu mir selbst, gehört aber
gleichwohl zu etwas unendlich viel Größerem, als ich selbst bin. Wun-
derschön formuliert hat das schon vor 750 Jahren Mechthild von Hackeborn: »Gott sprach zu meiner Seele: Ich liege tiefer unten in dir
als all dein Innerstes in dir.« In heutiger Sprache weist Karlfried Graf
Dürckheim auf das Gleiche hin: »Unser Tagesbewusstsein ist wie die
Oberfläche einer Insel, die rings umspült ist vom Meer, dessen Wesen
und Weite sich unserem Vorstellungsvermögen entzieht, so wie alles,
was unter der Oberfläche ist. Alles ist eingetaucht in ein unerklärbares
Geheimnis, aber nur ›unterschwellig‹ sind wir auch in unserem Tagesbewusstsein damit verwoben. Doch wir sind bestimmt, das Geheimnis
durch uns hindurch offenbar werden zu lassen, das sich, wie am Tage

die Sterne, im Licht unseres gegenständlich fixierenden Bewusstseins unseren Blicken entzieht.«

Dieser unterschwellige geheimnisvolle Purpurgrund der Wirklichkeit wird zum eigentlichen Element, in dem ein Mystiker sich bewegt und ohne das er nicht mehr leben kann. Pierre Teilhard de Chardin nennt die gesamte Materie einen vom »Geist bewegten Ozean« und deutet sie als göttliches Milieu, in dem sich alle bewegen: »Ich lebe inmitten eines einzigen Elements, Zentrum und Einzelheit von allem, personale Liebe und kosmische Kraft. Um es zu erreichen und mich mit ihm zu verschmelzen, habe ich das ganze Universum vor mir mit seinen edlen Kämpfen, mit seinem leidenschaftlichen Forschen, mit seinen Myriaden zu vervollkommnender und zu heilender Seelen.«

Die Intuition darf die Erkenntnis steuern

Was passiert nun, wenn wir dem GEIST in uns ohne Furcht erlauben, als Purpurtaucher in unsere Tiefe vorzudringen? Ich möchte es Ihnen an einem eigenen Beispiel erklären: Ich hatte zur Vorbereitung auf ein Seminar wieder einmal das letzte Jesuslogion Nr. 114 aus dem mystisch inspirierten Thomasevangelium gelesen: »Simon Petrus sagte: Maria soll aus unserer Mitte verschwinden, denn Frauen sind des wahren Lebens nicht würdig. Jesus sprach: Seht, ich werde sie zu mir holen, um sie männlich zu machen, damit auch sie ein lebendiger Geist werde, euch Männern gleich. Denn jede Frau, die männlich wird, wird in das Himmelreich eingehen.«

Man kann dieses Logion auf vielfältige Weise deuten. Eine davon wäre etwa, dass Jesus für die volle religiöse Gleichberechtigung der Frauen eintritt, während die römische Kirche das wie Petrus nicht integrieren kann und bis heute Frauen im Priesteramt ablehnt. Für mich war dieses Logion jedoch ein mystisches Statement Jesu. Frauen können ebenso wie Männer ganz und gar ins wahre »Leben« und »in das Himmelreich eingehen«, also in ihrem Inneren mit Gott eins werden. Wunderbar! Aber warum sollte ich dafür extra »männlich« werden müssen? Das hörte sich nicht wirklich stimmig für mich an und verhinderte mein volles Eintauchen in die Tiefe dieses Jesuswortes. Es blieb sperrig für mich. Eine letzte Tiefe darin war für mich bewusst und rational nicht zu greifen, das spürte ich. Darum war ich bereit, die weitere Erhellung meiner Intuition zu überlassen. Große Denker, Wissenschaftler, Künstler und Mystiker vertrauten schon immer auf die Intuition als unbewusstem Steuerungsprinzip unserer innerseelischen Prozesse. Man lässt dafür seine rational greifbaren Konzepte los und öffnet sich damit für einen transrationalen Akt komplexeren Verstehens, der im richtigen Moment von selbst in einem »passiert«. Wann und wie das geschieht, hat man natürlich nicht in der Hand.

Ich ließ das Wort also erst einmal in meine Seele hinabsinken und dort im Unbewussten wirken, ohne mich weiter darum zu kümmern. Etwa so, als bliebe man oben im Boot sitzen, während ein Freund ins Wasser springt und alleine nach unten taucht, um die Unterwasserwelt zu erkunden. Aktiv tat ich nicht viel. Ich las lediglich das Logion eine ganze Zeit lang abends vor dem Einschlafen, ohne mir weiter den Kopf darüber zu zerbrechen. Aus Erfahrung weiß ich, dass diese Themen oder Motive in den Tiefenschichten des Bewusstseins bearbeitet werden und irgendwann wieder in meinen Träumen oder Imaginationen auftauchen. Imaginationen sind »Tauchgänge« ins Purpurmeer der Seele, bei denen die inneren Bilder und Symbole frei aus der Tiefe aufsteigen und sich »aussprechen« dürfen, ohne dass der wertende Verstand eingreift. Die Seele ist eine großartige Erzählerin, die ihre Weisheit über Bilder vermittelt. Auch wenn ich andere Menschen bei ihren Imaginationen begleite, staune ich immer wieder darüber, wie zielgerichtet der GEIST durch unsere Seelenbilder versucht, immer mehr Klarheit, Tiefe und Wahrhaftigkeit in unsere Innenwelt zu bringen. Imaginationen sind für mich darum eine wertvolle Hilfe in der geistlichen Begleitung geworden. Und sie helfen natürlich auch mir, mich selbst und Bibelworte beziehungsweise Mystikertexte besser zu verstehen.

Im Meer des ungeteilten Seins

Etwa vier Wochen nach meinem ersten Anlauf, tiefer in die Bedeutung des Logions aus dem Thomasevangelium einzutauchen, nahm ich mir wieder einmal die Zeit, um für mich selbst zu imaginieren. Nach einer stillen Eingangsphase zur Entspannung und Sammlung, bei der man sich ins Innere hinabsinken lässt, tauchten von alleine folgende Bilder aus dem Unbewussten auf:

»Eine ganze Delfinflotte geleitet mich hinaus ins offene Meer, ich werde von den Tieren richtig gezogen, sie begleiten mich beim Tauchen ins Meer hinunter. Immer mehr fällt dabei von mir ab. Ich tauche lange am Meeresboden entlang und finde endlich ein glänzendes Nautilusschneckenhaus. Ich stehe nun davor und gehe hinein, es ist so hoch, dass ich darin immerzu aufrecht gehen kann. Die Wände schimmern perlmuttfarben und tönen leise, nach innen wird alles immer sanfter. In der innersten Windung höre ich die Worte *Fürchte dich nicht!* mit einer lautlosen Stimme mir direkt ins Herz gesprochen. Hier tief im Inneren des Schneckenhauses wird ein ungewöhnlicher Krebs geboren. Er wächst rasch heran und beginnt sofort, mit seinem Schneckenhaus sehr schnell über den Meeresboden zu laufen. Das ist eine zielgerichtete Wanderung von großer Bestimmtheit. Ich staune, wie unbeirrt er dabei ist.

Der Krebs erklimmt das Ufer, geht an Land und steigt hinauf bis zum höchsten Berg. Ganz oben, im Licht des schneebedeckten Gottesgipfels, legt er sein Schneckenhaus ab. Es zerfällt in zwei miteinander verbundene Teile und wird zum flügelschlagenden Schmetterlingsspiegel, in den alles Licht aus den aufgerissenen Wolken fällt. Ich frage mich plötzlich, wo denn Jesus ist, und da teilt sich der Berg und gibt alle seine Erze, Goldadern und Edelsteinlagen preis ... Nun steht plötzlich ein weißgekleideter Mann oben auf dem Gipfel, lacht ein grandioses Lachen und wirft mit einer einzigen entschlossenen Gebärde höchster Freiheit den Schmetterlingsspiegel mit weitem Schwung hinter sich in die Tiefe. Eine wunderbare, kraftvolle Bewegung des Loslassens, die mich zutiefst entzückt. Wir gehen in völliger Eintracht, einer im anderen, zusammen hinab zum Meer, legen unsere Kleider ab und tauchen ein. Und hier spüre ich: Alles an mir wird männlich, alles an ihm wird weiblich. Wir sind nicht mehr wir, wir sind das Meer des ungeteilten Seins.«

Vier Wochen hatte mein Unbewusstes gebraucht, um ohne mein bewusstes Zutun das Jesuslogion im Verborgenen »wiederzukäuen«, wie die Mönchsväter und Mystiker sagen würden. Dann war es als lebendiges Seelenbild zu mir zurückgekommen. Ich *schmeckte* die salzige Tiefe des Meeres, ich *fühlte* die Sanftmut im Schneckenhaus, ich *war eins* mit der zielgerichteten Bewegung des Krebses, mich *überfiel* der Reichtum des Berges und ich *spürte* das unfassbare Glück in der Bewegung des Loslassens. Danach aber waren die Emotionen weg. Ich war *eingetaucht*, ein unmittelbares und ungeteiltes geistiges *Geschehen*, das mich hinter die Gegensätze von männlich und weiblich zog. Die Essenz darin war die Erfahrung einer kristallklaren geistigen Kraft, in der Ich und Du ineinanderfluteten und zum Meer selbst wurden.

Chiffren der Transzendenz

Ein Jesuslogion hatte nach Jahrhunderten meine Seelenkräfte aktiviert und für eine Weitung meines Bewusstseins gesorgt. Nach einer solchen inneren Begegnung mit dem Text kann ich dieses Logion nicht mehr nur mit dem Verstand lesen. Ich werde es immer auch als ein in meiner Seele verankertes Wissen bewahren, das mich »umarmt« hat und mich mit Jesus, dem Lebendigen, aus dem Thomasevangelium verbindet. Natürlich bin ich mir bewusst, dass die Bilder meiner Imagination keine objektiven Tatsachen beschreiben oder irgendetwas beweisen. Sie sind bestenfalls »Chiffren der Transzendenz«, wie es der Philosoph Karl Jaspers sagen würde. Aber als *subjektive* Chiffren, als in mir erwachtes Gefühl für »das Meer des ungeteilten Seins« kann ich sie voller Dankbarkeit bewahren. Außerdem kann ich sie mit dem *intersubjektiven* Feld Heiliger Schriften und mystischer Traditionen abgleichen. Verweisen meine inneren Bilder nur auf das kleine Feld meines Egos samt meinen Vorlieben beziehungs-weise Abneigungen? Was schließen meine inneren Bilder im Vergleich zu denen großer Mystiker alles aus? Ist das Gottesbild in meinem Inneren gerade mal so groß wie mein Ich oder meine Lieblingstheologie? Oder taucht da ein größeres Gottesbild auf? Eines, das mich aus meiner ex-klusiven Haltung herauszieht und in die Inklusivität und Weite des in allem wirkenden absoluten GEISTES hineinlockt und wirklich »das Meer des ungeteilten Seins« ist?

Nach dem unmittelbaren Erleben innerer Bilder hat man mehr Fra-gen als zuvor – was wirklich gut ist, denn echte eigene Fragen treiben unsere Entwicklungsprozesse und unseren Glauben besser voran als die beste fertige Antwort. Unsere Fragen sind Ausdruck dafür, dass der GEIST bisherige Grenzen überschreiten will. Unsere Fragen schubsen uns in einen neuen Möglichkeitsraum hinein, ins Offene. Und in das Aben-teuer der Deutung, in dem wir uns darum bemühen, unsere spirituellen Erfahrungen zu verstehen und spirituell einzuordnen.

Dabei sollte uns eigentlich die Theologie helfen. Unsere offizielle christliche Dogmatik wirkt aber leider oft so abgeschlossen und rückwärts gewandt, dass sie scheinbar an den inneren Erfahrungen von Menschen im 3. Jahrtausend gar nicht interessiert ist. Es könnte aber auch sein, dass der Theologie einfach zu wenig authentisches Seelenmaterial von heutigen Menschen zur Verfügung steht, mit dem sie sich auseinander-setzen kann. Für mich ist das genauso ein Dilemma wie für viele andere. Es ist riskant, das eigene Innenleben so auszubreiten, wie ich das hier gerade getan habe. Ich behalte das eigentlich auch lieber für mich. Aber damit trägt man wieder dazu bei, dass wir zu wenig Material für einen Erfahrungsaustausch und gemeinsames Nachdenken haben.

Dabei ist das eines der großen Themen in der seelsorgerlichen Beglei-tung: Welche einstmals theologisch breit ausgedeuteten Bilder christlicher Frömmigkeit wirken überhaupt noch in uns, welche nicht? Welche Bilder aus der Bibel oder Tradition inspirieren Zwanzig-, Dreißig- oder Vierzig-jährige? Haben zum Beispiel Bilder wie Jahwes Gewand, das Lamm Gottes oder der Gnadenstuhl jemals eine Rolle für Ihre Spiritualität gespielt? Alle diese Bilder waren einmal wichtige Chiffren der Transzendenz, sie transportierten eine Menge an theologischer Bedeutung und Sinn. Heute sind sie aber weitgehend verblasst und erzielen bei den meisten Christen keine seelische Resonanz mehr. Stattdessen sind unzählige Bilder aus Natur, Technik, Fernsehen, Filmen oder Internet im Bewussten und Unbewussten gespeichert, die eine tiefe Wirkung auf die Seele entfalten, ob man das nun merkt oder nicht.

Es macht also Sinn, Menschen darin zu unterstützen, in ihrem *eigenen* Bildermeer nach der kostbaren Purpurschnecke zu suchen. Dafür eignet sich gut eine aufgeklärte mystische Theologie, die ein eigenes Wissen vom »Ozean des Geistes« in unserem Inneren mitbringt. Sie kann auch versuchen, in neuen, unverbrauchten Bildern von Gott, dem namenlosen Grund, zu sprechen, der *hinter* den Bildern liegt, aber immer wieder *durch sie hindurch* schimmert, auch durch die mediale Bilderflut, die uns ständig umspült.

Fangen wir also an, unsere persönlichen Seelenbilder zu betrachten und in das kollektive Bewusstseinsfeld einzuspeisen! Wir leben in einer großen Umbruchzeit, in der die Menschheit nach neuen Sinnquellen sucht. Das spüren schon jetzt viele Christen, Ex-Christen und spirituelle Sucher weltweit. Je mehr von uns sich als moderne Purpurtaucher ins unendliche Meer des Geistes wagen, um von dort unsere Schätze heraufzuholen, sie offen miteinander zu vergleichen und damit die Theologie vor neue Aufgaben zu stellen, umso besser.

Tauchübungen des Geistes

Was also können Sie tun, um Ihren Purpurtaucher zu wecken? Anfangs wird es immer darum gehen, dass Sie Ihre Aufmerksamkeit über längere Zeit in Ihrem Inneren verankern können und sich von nichts ablenken lassen. Es geht um die Einübung einer stabilen Wachheit oder Aufmerksamkeitshaltung Ihres Geistes. Damit fördern Sie Ihre Geistesgegenwart, also die Fähigkeit zu wachem, permanentem Gewahrsein in jedem Augenblick und in allen Tiefenschichten Ihres Bewusstseins. Je tiefer Sie dringen, desto klarer erfassen Sie Ihre Innenwelt: Ihre Gedanken, Gefühle, Traumbilder, Seelenbilder und Gottesbilder, also die subtile Schicht Ihres Bewusstseins, die in diesem Buch die Hauptrolle spielt.

Bilder sind die Sprache der Seele, darum sprechen Mystiker viel und oft in Bildern. In der Kontemplation kann man aber auch noch unter die Bilderschicht der Seele gelangen. Diese noch tiefere Schicht des Bewusstseins ist frei von allen Bildern und Formen. Hier stößt der Mystiker auf die bilderlose, formlose unendliche Weite des GEISTES. Sie wird als namenlose GOTTHEIT, das GÖTTLICHE oder schöpferischer URGRUND des Lebens bezeichnet. Schon das ist für Mystiker ein Dilemma: Wie kann man etwas Unsagbares, für das es keine Sprache gibt, in Worte fassen? Über dieses klassische Mystikerproblem hat sich Heinrich Seuse vor fast 700 Jahren in seinem Werk, der sogenannten »Vita«, den Kopf zerbrochen, als ihn seine Schülerin Elsbeth Stagel bat, er möge ihr doch die Erfahrung der namenlosen GOTTHEIT in Bildern nahebringen: »Wie kann man Bildloses im Bilde darstellen ... etwas, das über alle Sinne und über menschliche Vernunft ist?« Seuse wusste: Sobald man darüber redet, entfernt man sich davon. Jeder Vergleich hebt nur die Ungleichheit zwischen dem Erlebten und seiner Beschreibung hervor. Seuse findet dafür ein Bild: »Die zu Bildern gestalteten Worte sind der bildlosen Wahrheit so fern und so ungleich wie ein schwarzer Mohr der schönen Sonne ... Aber dennoch«, fährt Heinrich Seuse fort, »damit man Bilder mit Bildern austreibe, so will ich dir hier bildlich mit gleichnisgebender Rede, sofern es denn möglich ist, von denselben bildlosen Gedanken zeigen, wie es in Wahrheit zu nehmen ist.«

Der grundlose Grund

Das vorliegende Buch ist voll von mystischen Bildern, die uns mit der »Milch der Gleichnisse« nähren können, wie Nikolaus von Kues es einmal ausdrückte. Eine Bilderflut, die Ihnen, wie ich hoffe, ein Gefühl gibt für die mystische Bewegung hinunter zur absoluten Bilderlosigkeit des GRUNDLOSEN GRUNDES. Um diese Tiefe jenseits von Raum, Zeit, Sprache und Bild geht es letztlich. Wenn Ihr Selbst sich immer mehr diesem bilderlosen URGRUND zuwendet, entwickeln Sie ein mystisches »Zeugen«-Bewusstsein für die unendliche, raum- und zeitlose ewige Präsenz des GÖTTLICHEN in jedem Augenblick.

Die letzte, nonduale Erfahrung einer Einung des Selbst mit Gott bleibt ein Akt der Gnade. Was Sie hier erfahren können, ist die All-Einheit, reines Bewusstsein, »das schaut, wie Gott schaut«, ohne jede Subjekt-Objekt-Trennung. Der Kirchenvater Augustinus beschreibt das in seiner Autobiografie: »Die aber deine Werke in deinem GEIST sehen, deren Auge bist du selbst ... Auch das, was wir durch seinen GEIST wissen, weiß niemand als nur der GEIST Gottes.« In Gott ist alles eins, es gibt keine Zweiheit, keine Unterscheidung zwischen Ich und Du mehr. Alles ist ganz in Gott eingegangen. In Meister Eckharts Worten klingt das so: »Gott und ich, wir sind eins. Durch das Erkennen nehme ich Gott in mich hinein; durch die Liebe hingegen gehe ich in Gott ein.«

Mystik ist also ein Weg des Erkennenden, der zur Erkenntnis wird. Ein Weg des Liebenden, der zur Liebe wird. Durch regelmäßige Übung in Stille und Versenkung schaffen Sie gute Voraussetzungen dafür. Das fällt nicht jedem leicht und ist immer wieder eine Herausforderung. Die französische Mystikerin Madeleine Delbrêl erinnerte einmal daran, dass der spirituelle Tauchgang in die Tiefe des GEISTES einige Willenskraft und echte Motivation voraussetzt: »Solch ein kräftiges, sichtloses Hinabtauchen strebt in der Tiefe zu Gott hin, in konzentrierten Akten des Glaubens, der Hoffnung und der Liebe. Ihre Beharrlichkeit besteht in einer durchbrochenen Linie, aber ihr wiederholter Vorstoß erreicht die Tiefe zu der Stunde, die Gott bestimmt, an der Stelle, wo man Gott schöpft.« Wer seinen mystischen Tauchschein machen will, wird also Zeit und eine gewisse Ausdauer mitbringen müssen.

Der göttliche Taucher

Madeleine Delbrêls Aufruf zum Üben würde ich gerne noch um die spiegelbildliche Dimension erweitern: Zur Mystik gehört immer auch die gelassene Offenheit, sich von Gottes GEIST erforschen zu lassen. »Du erforschst mich, du erkennst mich« heißt es in Psalm 139. Nicht nur ich tauche in Gott ein, auch Gott taucht in mich ein. Gott taucht unentwegt in die Vielheit des Lebens ein, um ihr Bewusstheit und Tiefe zu verleihen und ihre Weiterentwicklung schöpferisch voranzutreiben. Letztlich ist es immer der absolute GEIST selbst, der als der wahre Purpurtaucher all die kostbaren Sinn-Bilder aus dem unerschöpflichen Meer des Seins für uns an die Oberfläche unseres Bewusstseins holt. Sie helfen uns, dem Weg in die Tiefe Gottes zu vertrauen. Der schöpferische GEIST ist und bleibt dabei der eigentliche Akteur. Er wird immer als unser Beistand und Tröster dabei sein, wenn wir unsere Tauchgänge in die Tiefseegebiete unseres Bewusstseins unternehmen. Paulus schreibt: »Denn der GEIST erforscht alle Dinge, auch die Tiefen der GOTTHEIT. Denn welcher Mensch weiß, was im Menschen ist, als allein der GEIST des Menschen, der in ihm ist? So weiß auch niemand, was in Gott ist, als allein der GEIST Gottes« (1 Kor 2,10–14).

Üben heißt auch: Ich kann mich der Tiefe in mir überlassen. Ich kann vertrauen, dass es sich in der Tiefe vollzieht, während ich meine gewohnheitsmäßigen Vorstellungen über Gott und die Welt lockere und loslasse. Stellen Sie sich den göttlichen GEIST immer wieder als Taucher vor, der sich aus Liebe zu Ihnen in das Meer Ihres Bewusstseins stürzt, um dort in Ihr tiefstes, kostbares Wesen einzutauchen und eins mit ihm zu werden. Vertrauen Sie ihm, überlassen Sie sich ihm. Der göttliche Taucher und Ihr tiefstes Wesen sind eins. Er wird sein Ziel nicht verfehlen und zu Ihrem innersten Seelengrund vordringen, um Ihnen dort zu begegnen.

Übungen zur Vertiefung

Verschiedene Eintaucherfahrungen erinnern

Wie fühlt es sich für Sie an, wenn Sie in eine große Menschenmenge eintauchen, etwa bei einem Musikfestival, im Fußballstadion, im Zentrum von Großstädten zur Rushhour? Welche Erinnerungen hat Ihr Körper dazu gespeichert? Wie haben Sie das Ganze erlebt? Wovon waren Sie Teil?

Erinnern Sie sich an Augenblicke in Ihrem Leben, in denen Sie ganz in etwas versunken waren: in ein Buch, in einen Film, in ein Spiel, in eine Aufgabe, in das Betrachten einer Landschaft, in Musik, in kreatives Gestalten, in einen Gottesdienst oder ein Gebet, in Tanz oder Sport ... Wohin trug Sie Ihr GEIST? Wie war das für Ihren Körper und für Ihre Gefühle? Wie fühlten Sie sich, als Sie daraus wieder auftauchten?

Kennen Sie das Gefühl, ganz wach in die Gegenwart eines anderen Menschen einzutauchen und durch die gemeinsame Nähe wechselseitig immer mehr Tiefe hervorzurufen? Mit wem haben Sie so etwas erlebt? Inwieweit hat Sie eine solche Begegnung geprägt oder verändert?

Der Ozean des göttlichen Glanzes

Eine alte intuitive Einsicht der Mystiker lautet: Um in das Ganze zu gelangen, kann man auch in einen Teil davon eintauchen. Diesen Prozess des Eintauchens in eine konkrete Einzelheit eines Textes oder eines Naturobjekts praktizierte auch Johann Wolfgang von Goethe. Er liebte diese Art der Vertiefung, die freudig offen dafür bereit ist, dem Ganzen in einem seiner Teile zu begegnen.

Goethes Methode bestand darin, erst einmal sein »Gemüt zu beruhigen« und dadurch die Betrachtung eines Gegenstandes entschieden zu verlangsamen. Dann folgte er mit der eigenen Wahrnehmung jedem Detail, das er entdecken konnte, so genau wie nur möglich. Auf diese

Weise tauchte sein forschender GEIST ohne Eile in ein Objekt ein und bildete es so genau wie möglich in seinem Inneren ab. Dieses *innere* Bild betrachtete Goethe dann wie in einer Kamerarundumfahrt lange und sorgfältig von allen Seiten. Durch diese Geduld im Schauen konnte er den Raum seines Bewusstseins weiten. Er gewann neue Perspektiven und schuf sich seinen imaginären Innenraum, in dem das gewonnene Bild dieses Gegenstandes einfach wirken und sich in Ruhe weiter ausbilden konnte. So hatte er auch für spontan aus seinem Inneren aufsteigende neue Einsichten immer genug Platz in seinem Bewusstsein.

Mit dieser Entschleunigungsmethode förderte Goethe bei sich »ein neues Organ«, die *Intuition für die dynamische Bewegung des* GEISTES, den göttlichen Prozess, das Aufscheinen des Ganzen in allen Teilen. Dieses neue GEIST-sensible Organ kann zwei Dinge erfassen: das gegenwärtige Ganze und das mögliche zukünftige Ganze. Beides zusammen ergibt für Goethe den »Ozean göttlichen Glanzes«, die eigentliche Realität.

Wählen Sie einen beliebigen Gegenstand und tauchen Sie nach Goethes Methode langsam und ruhig in die Betrachtung ein. Achten Sie darauf, wo in Ihrem Körperinneren Sie Ihr inneres Bild zu diesem Gegenstand erleben: Nehmen Sie es im Kopf-, im Herz- oder im Bauch-/Beckenraum wahr? Was passiert, wenn Sie es auch in den beiden anderen Zentren erforschen? Versuchen Sie jeweils, die Tiefe hinter diesem inneren Bild zu erspüren. Welche unterschiedlichen Empfindungen haben Sie dabei? Probieren Sie diese Methode auch mit einem kurzen Text aus, zum Beispiel einer Strophe aus einem Lied, einem Bibelvers oder einem Gedicht.

In Christus eintauchen

Meditieren Sie einmal über den Rat des Mystikers Albert Peyriguère, der als Priester und Krankenpfleger in äußerster Armut und allein unter den Berbern Marokkos lebte: »Tauchen wir ganz unter in Christus, seien wir er, bewegen wir uns in ihm.« Suchen Sie sich zum Einstieg ein Christusbild, das für Sie Tiefe, Klarheit, Güte, Frieden, Wahrhaftigkeit oder Liebe ausstrahlt. Meistens sind alte Ikonen oder qualitativ hochwertige kunsthistorische Gemälde dafür am besten geeignet. Halten Sie sich das Bild so oft es geht vor Augen und nehmen Sie einfach das Plus an Tiefe oder Liebe wahr, das es in Ihnen wachruft. Tauchen Sie immer wieder darin ein, besonders vor dem Schlafengehen. Gehen Sie dann dazu über, sich weniger auf das Bild als allein auf die darin lebendige Tiefe und Liebe auszurichten, die immer größer wird, je mehr Sie sich darauf einlassen. Tauchen Sie in dieses christusförmige »Mehr« ein. Seien Sie dann er, bewegen Sie sich in ihm. Ob Sie sich behutsam hineinsinken lassen oder leidenschaftlich hineinstürzen wollen, bleibt eine Typfrage. Beide Möglichkeiten werden von christlichen Mystikern bezeugt. Das Eintauchen in die Christusliebe wird Sie auf jeden Fall in Richtung Gottesmeer ziehen, den purpurnen Ozean des unendlichen Bewusstseins, in dem Sie wie Christus und in Christus ganz »gottfarben« werden können.

Die innere Fackel

Die Liebe wacht und schläft selbst im Schlaf nicht.
Kein Schrecken erschreckt sie,
sondern gleich einer lebendigen Flamme und brennenden Fackel
bricht sie sich Bahn und dringt mächtig empor.

▬▬▬   Thomas von Kempen

Viele Jahre lang habe ich in den Schriften zahlloser Mystiker besonders auf ihre Bildersprache geachtet. Anfangs aus purem Eigeninteresse. Weil ich ein intuitiver Typ bin, sprachen sie mich einfach unmittelbarer an als die danebenstehenden theologischen Erörterungen, die überdies zeitgebunden und häufig veraltet waren. Die authentischen Bilder aus der Tiefe der Seele dagegen erreichten und bewegten mich. Nichts regt die Seele so sehr an wie Bilder, denn die Sprache der Seele ist selbst nie abstrakt, sondern bildhaft und direkt mit unseren Körpergefühlen verbunden. Dabei wurde mir klar: Dort, wo sie in Bildern sprechen, kommen uns die Mystiker erstaunlich nahe. Tatsächlich ist ein Bild sehr oft das beste »Depot«, in das der Mystiker die Hinweise auf seine ureigene spirituelle Erfahrung legt, um sie der Nachwelt zu sichern. In Bildsprache codiert kann sein Erfahrungswissen überleben und auch künftig auf die innere Welt des GEISTES hinweisen. Bilder und Symbole gehören darum überall auf der Welt zum mystischen Sprechen dazu.

Hilfreich für mein eigenes Verstehen dieser Körper-Seele-GEIST-Zusammenhänge war die Multiple-Code-Theory von Wilma Bucci, einer amerikanischen Psychoanalytikerin. Nach ihr gibt es drei zusammenwirkende Codes, mit denen wir unser »Gespräch« mit der Wirklichkeit organisieren:

Code I ist verbal und umfasst die Welt der Worte, also gesprochene und geschriebene Buchstabensymbole, mit denen wir Inhalte bewusst bezeichnen und weitergeben können. Diesen Code nutzt unser Verstand, unsere analytisch-logische Intelligenz.

Code II ist nonverbal und übermittelt die Welt der Bilder, Klänge und sonstigen Eindrücke, die wir direkt, ohne Worte erfassen können. Über diesen Code kommuniziert die Seele. Darum können wir die sprachlichen und oft auch paradoxen Bilder der Mystiker (wie »der duftende Brunnen«, »das sehende Nichts«, »das große Leuchten des Weltinnen« und so weiter) schon intuitiv erfassen, noch bevor der Verstand darauf reagiert.

Diese beiden ersten Codes arbeiten symbolisch, eben mit Bildern und Buchstaben.

Code III kann das nicht. Er ist vorverbal und vorsymbolisch, umfasst die Welt unserer Körpergefühle und arbeitet im Unbewussten. Obwohl Code III ständig aktiv ist, bekommt der Codebereich I des bewussten Verstandes davon nichts unmittelbar mit. Er braucht darum einen »Dolmetscher« oder Boten, der ihm die Codesprache der Körpergefühle (III) übermittelt. Wilma Bucci bezeichnet die Bildsprache des Codeprogramms II als genialen Vermittler zwischen Code I, dem bewussten Verstand, und Code III, den unbewusst vorhandenen Körpergefühlen. Der kurze Merksatz dafür lautet: »An jedem Wort (I) hängt ein Bild (II), an jedem Bild (II) hängt ein verborgenes Gefühl (III)«.

Den dreifachen Code lesen

Wenn Sie sich auf ein sprachlich überliefertes Bild der Mystiker einlassen, begegnet Ihnen also ein spirituelles »Informationspaket« aus drei verschiedenen Codes. Damit sich dieses Paket von Ihnen öffnen lässt, achten Sie bitte immer darauf, dass Sie sich nach dem bewussten Lesen (Code I) den Bildern (Code II) zuwenden. Den unsichtbar an die Bilder angehängten somatischen Code III können Sie dann über Ihre eigene Körperresonanz knacken! Dabei nutzen Sie Ihre sogenannten somatischen Marker zur Klärung: Wenn sich negative oder ambivalente Körpergefühle melden, wenden Sie sich anfangs besser einem anderen Mystikertext zu. Hinter ambivalenten Körperresonanzen auf einen Text verbergen sich oft unsere eigenen Problemfelder, die man mithilfe von Schattenarbeit bewusst machen kann. Für den Einstieg würde ich sie nicht empfehlen. Konzentrieren Sie sich erst einmal auf einen Text, der sich spontan richtig gut für Sie anfühlt.

Wenn Sie in Ihrem Inneren ein uneingeschränkt positives Körpergefühl von möglichst 90 bis 100 Prozent (Code III) wahrnehmen, wird es für Sie spannend. Ihre Körperwelt signalisiert hohe Zustimmung und beste Wohlfühlwerte. Jetzt sind alle drei Codes aktiv, und es kann sich ein Prozess ganzheitlicher Inkarnation in Ihnen entfalten. Auf der Basis der für Sie stimmigen Bilder, die ein volles inneres Ja von der Körperseite her erzielen und auch Ihren Verstand in Form von Neugierde oder Staunen mobilisieren, können spirituelle Ressourcen geweckt werden und richtig gute seelische Prozesse in Gang kommen.

Die innere Fackel anzünden

Schon Aurelius Augustinus – Kirchenvater, Theologe, Literat und Mystiker – war sich bewusst, welche lebendige Kraft in diesen drei Codes von Körper, Seele und GEIST steckt. In einem Brief schreibt er: »Die Darstellung der Wahrheit durch Symbole hat eine große Kraft; denn wenn die Dinge so dargestellt werden, bewegen und entflammen sie unser Gemüt viel stärker, als wenn sie in bloße Aussagesätze gefasst wären. Warum das so ist, ist schwer zu sagen. Aber es ist eine Tatsache, dass alles, was wir durch Allegorien oder Symbole lernen, uns stärker bewegt und erfreut und uns viel wichtiger ist, als wenn es in eindeutig verständlichen Formulierungen ausgedrückt wäre.«

Seine Meinung unterstreicht Augustinus selbst mit einem schönen Bild: dem Anzünden einer inneren Fackel. Ich fasse seine Ausführungen hier zusammen, die sich wunderbar mit Buccis Triple-Code-Theorie zusammenführen lassen:

Die Berührung mit lebendigen spirituellen Bildern und Symbolen entfacht das innere Feuer der Seele (Code II). Es wird dazu gebracht, wie die Flamme einer glühenden Fackel hell aufzulodern. Dieses wärmende »edle Feuer« lässt man nun auf sich einwirken. Man leuchtet damit das eigene Innere aus und spürt dabei möglichst intensiv in die Energie hinein, die es im Körper auslöst (Code III). Erst später, in einem dritten Schritt, sollte man dann laut Augustinus mit dem Verstand daran gehen, das jetzt in der Seele lebendig empfundene Bild nach seiner spirituellen Bedeutung zu befragen (Code I). Alle drei Schritte zusammen – die eigene direkte Erfahrung mit einem Symbol, die positive Körperresonanz und der anschließende Prozess des Verstehens – verhelfen zu einer verdichteten und lebendigeren spirituellen Identität – exakt der Triple-Code-Prozess, der nach Wilma Bucci die größte innere Zustimmung erzielt. Augustinus spricht voller Begeisterung von einer »glühenderen Liebe«, die die Seele nun spüren kann.

Legen Sie sich darum gezielt ein persönliches Depot aus bildhaften Bibel- und Mystikertexten zu, von denen Sie wissen, dass sie alle drei Codes von Seele, Körper und Verstand auf positive Weise in Ihnen aktivieren. Damit schaffen Sie für sich ein gutes Fundament und folgen außerdem klassischer mystischer Praxis. Heinrich Seuse etwa, ein Schüler Meister Eckharts, verfuhr schon vor 700 Jahren intuitiv nach dem gleichen Prinzip: »Ein bewährter Gottesfreund soll jederzeit einen Vorrat guter Bilder oder Sprüche haben, sie in seiner Seele hin und her zu wenden, damit sein Herz zu Gott entzündet werde.«

Durch das Aktivieren aller drei Codes sorgen Sie für Ihre psychische Gesundheit. Mehr noch: Sie nähren und fördern damit Ihre persönliche Intuition für das Unendliche, ob Sie es nun Gott, Geist, das Göttliche, das Absolute, den Urgrund des Lebens oder das Allesumgreifende nennen möchten. Alle diese Namen sind Platzhalter für das namenlose EINE hinter den vielen Begriffen und Gottesbildern, die wir in allen Kulturen und Religionen vorfinden.

Fenster zum Numinosen

Mit der Zeit fiel mir auf, dass bestimmte Bilder und Motive immer wieder vorkommen und dadurch wertvolle Zeugen sind für die Tiefenökumene der Mystik. Klassische mystische Bilder wie die vom lebendigen Licht, großen Weg, unendlichen Meer tauchen überall auf und gehören offensichtlich der ganzen Menschheit. Wie kommt das?

Viele Mystiker verschiedener Epochen und Religionen haben unabhängig voneinander ähnliche Bilder und Vergleiche gebraucht, oft ohne sich darüber bewusst zu sein. Andere haben die suggestiv wirkenden Bilder ihrer Lehrer aufgegriffen, verinnerlicht und weitergegeben. Oder sie haben Bilder in der mystischen Literatur und den Heiligen Schriften vorgefunden, übernommen und weiterentwickelt. So entstand ein dichtgewebter transreligiöser Bilderteppich der Mystik, in dem Fäden aus allen Weltreligionen und spirituellen Traditionen schimmern und die Bilder leuchten lassen.

Natürlich können die im Text bewahrten Seelenbilder der Mystiker nicht vollständig ihre unmittelbare Erfahrung ausdrücken. Die Mystiker betonen stets, dass für sie das eigentliche Erlebnis unaussprechlich bleibt. Bilder und Worte sind daher Annäherungsversuche. Tiefe Mystik dreht sich letztlich um das Reich des reinen GEISTES hinter den Worten, Gedanken, Bildern und Körpergefühlen. Bilder bleiben also auch für sehr sprachbegabte Mystiker etwas Vorläufiges, ja Experimentelles. Sie werden nur als behelfsmäßige Zeichen zugelassen, als vage Chiffren der Transzendenz, die das eigentlich Gemeinte andeuten, das sich oft so schwer ausdrücken lässt. So verweisen sie auf eine größere Wirklichkeit, die sie nie voll beschreiben, aber anklingen lassen können. Wir als Leser überbrücken aber intuitiv diesen »Riss« zwischen Zeichen und Wirklichkeit, wenn wir spüren, dass sich durch das Bild hindurch etwas Wesentliches, Wahres, Größeres wahrnehmen lässt. Das mystische Bild gleicht darum einem Fenster, das uns einen Blick von draußen hinein in den Innenraum des allumfassenden GEISTES oder unendlichen Bewusstseins gewährt. Wer aber einmal in diesen inneren Raum gelangt ist, braucht dieses Fensterbild und die Worte nicht mehr, sondern erfährt ihn jetzt unmittelbar von innen.

Worte und Bilder behalten aber trotzdem als Wegweiser hin zum GOTTESGRUND weiterhin ihren Sinn – auch für diejenigen Mystiker und Mystikerinnen, die bereits Erfahrung mit der bilderlosen Schau gemacht haben. Wunderbar klar hat das Dionysios Areopagita ausgedrückt:

»Aber dass sich niemand überhebe: Auch Worte haben einen Sinn. Unsere Theologie ist nicht sinnlos. Denn sie ist doch der Weg und der Wegweiser, der uns zu Gott bringt. Ohne sie wird es nicht gehen. Denn wer ohne Theologie, ohne vorher durch Worte geschritten zu sein, zu schweigen beginnt: Dessen Schweigen kann auch nicht sprechen. Dessen Schweigen ist nicht Gottes Gegenwart, sondern nur menschliche Leere. Denn wir brauchen doch Gottesbilder, gute, richtige Gottesbilder, damit wir nicht einen falschen Weg beschreiten. Denn es ist doch wichtig, dass Gott eher Leben als Luft, eher Güte als Stein ist.«

Bilder sind eine Verlockung zu Gott

Insofern sind die sprachlichen Bilder der Mystiker eine immer wieder neue »Lockung zu Gott«, wie Meister Eckhart es einmal ausdrückte. Natürlich leisten das auch die großen Bilder der Bibel. Aber viele davon sind uns seit der Kindheit oder aus dem Religionsunterricht so vertraut, dass es gar nicht so leicht ist, sie noch als »innere Fackeln« zu empfinden und sich von ihnen ergreifen zu lassen. Ich hoffe, dass es Ihnen bei der Lektüre dieses Buches anders geht, weil Ihnen die hier vorgestellten Bilder neu sein könnten. Hier können Sie eine ganze Reihe von Ausflügen ins Bilderdepot der Mystik unternehmen. Vielleicht ist ja ein Bild dabei, von dem sich Ihre Seele besonders angesprochen fühlt. Wenn dann in Ihrer Seele die Energie zu steigen beginnt, bekommt sie unweigerlich Lust, sich selbst in Bildern auszudrücken. Sie brauchen Ihr dann nur noch zu erlauben, dass sie im Licht ihrer eigenen inneren Fackel von sich erzählen darf. Sie wird Sie beraten, inspirieren, korrigieren, erfrischen und mit Freude erfüllen.

Übungen zur Vertiefung

Das Feuer des GEISTES anfachen

Nikolaus von Kues empfahl zum Entzünden der »inneren Fackel« des GEISTES eine gleichermaßen von Philosophen wie von Mystikern genutzte Technik: das Staunen. Es ähnelt einem kräftigen Wind oder Luftzug, das ein glimmendes Feuer anfacht und hell auflodern lässt: »Unser Geist hat die Natur des Feuers in sich; er ist zu keinem andern Zweck von Gott auf diese Erde gesetzt, als um zu brennen und zu einer Flamme anzuwachsen. Er wächst, wenn er durch Staunen angeregt wird ... Dieses Staunen ist der Wind, der unsere Sehnsucht zur Liebe des Schöpfers steigert und zur Anschauung der Weisheit, die alles wunderbar geordnet hat.«

Staunen wird auch als der »sechste Sinn« der Mystiker bezeichnet. Es schult den »Anfängergeist« – ein Begriff aus dem japanischen Zen-Buddhismus, der eine immer wieder frische, offene, absichtslose Haltung beschreibt –, denn durch Staunen fachen Sie das Feuer Ihrer spirituellen Bewusstwerdung kräftig an. Durch Staunen verbinden Sie sich mit der erstaunlichen Unmittelbarkeit und grandiosen Wucht jedes neugeborenen Augenblicks. Widmen Sie darum wenigstens fünf Minuten am Tag dem Staunen: Was zeigt sich gerade jetzt? Was ist nicht selbstverständlich? Was entzückt mich? Nehmen Sie dabei wahr, wie Ihr Bewusstsein in Richtung URGRUND gedehnt und geweitet wird. So können Sie staunend immer mehr von der Tiefe, Wahrhaftigkeit, Bezogenheit und Schönheit wahrnehmen, die er unentwegt gebiert.

Der Fackellauf der leuchtenden Gottesnamen

Bei einem Seminar über Gottesbilder bat ich 24 Frauen darum, gemeinsam auf einem großen Blatt Papier folgenden Satz zu ergänzen: »Gott ist für mich wie ...« Nach nur 10 Minuten hatten diese Frauen genau 60 Bilder aus ihrem Inneren gehoben. Ich habe sie Ihnen hier aufgelistet. Bevor Sie diese lesen, könnten Sie spontan Ihre eigene »Gott-ist-für-mich-wie«-Liste schreiben. Lassen Sie dabei alles ungehindert herausfließen, was aus Ihrem Inneren aufsteigen möchte. Achten Sie bitte darauf, dass Sie jeden Namen wirklich persönlich als leuchtende »innere Fackel« empfinden und nicht einfach nur aus der Tradition übernehmen.

1. *Eine Hand, die mich nicht loslässt*
2. *Ein Baum zum Festhalten*
3. *Ein DU*
4. *Ein Freund*
5. *Ein Regenbogen, der alles verbindet*
6. *Berg und Höhle in einem*
7. *Meine rechte Hand*
8. *Die immerwährende Liebe, die immer verzeiht*
9. *Eine Kraft, die mich gehen lässt*
10. *Ein Herz, das weit macht*
11. *Ein Labyrinth, ich finde immer den Weg zur Mitte*
12. *Eine Schatzkiste*
13. *Eine Schale, in der ich ausruhen kann*
14. *Ein weißes Blatt*
15. *Ein Vater, der für alle Familienmitglieder sorgt*
16. *Ein Licht, das mir auch in dunklen Momenten den Weg zeigt*
17. *Ein Wunder*
18. *Eine Sonne, die Leben wachsen lässt*
19. *Ein unendliches Meer*
20. *Ein Kind*

21. Eine Blume, die sich im Wind wiegt

22. Weite, Weite, Weite

23. Ein Sonnenaufgang

24. Eine sanfte Brise

25. Ein Begleiter

26. Ein Brennnesselstrauch

27. Eine lebendige Welle

28. Zuversicht

29. Ein Geschenk

30. Ein Geheimnis

31. Eine Quelle der Freude

32. Güte

33. Unendliche Kraft

34. Ein dauernder Neuanfang

35. Ein Lockstoff

36. Ein Rätsel

37. Wie Luft, die ich atme und die ich zum Leben brauche

38. Ein Prozess

39. Ein Kunstwerk

40. Ein Netz, das mich hält, wenn ich falle

41. Befreiung

42. Licht

43. Ein Vor-Bild

44. Öfters versteckt

45. Ein Magnet

46. Wie Glas

47. Ein Haus

48. Ein Zuhause

49. Gemeinsamkeit

50. Unbegreiflich

51. Immer da

52. Singende Stille

Wenn Sie Ihre eigene Liste und die der Frauengruppe gelesen haben, wählen Sie das Bild für Gott aus, das als schönste »innere Fackel« wärmend in Ihnen aufflammt und in diesem Moment am meisten spürbare positive Energie (Code III) für Sie enthält. Schreiben Sie nun mindestens drei, am besten aber gleich zehn Sätze auf, in denen dieses Bild Gottes vorkommt. Suchen Sie dann wieder den für Sie dichtesten und wichtigsten Satz heraus. Es ist das Gottesbild, an dem Ihre Seele zurzeit die größte Freude hat und mit dem Ihr Innerstes am meisten Licht empfängt.

Suchen Sie zu dem Satz mit Ihrem positiven Gottesbild auch einmal im Internet nach passenden Bildern: Fotos, Gemälde, Zeichnungen. Während Sie sich für ein Bild entscheiden, achten Sie wieder genau auf Ihre positiven »somatischen Marker«, also darauf, dass Sie auf der Körperebene möglichst 90 bis 100 Prozent innere Zustimmung empfinden. »Es geht so«-Bilder scheiden aus, da sie in Ihnen eine innere Ambivalenz auslösen und nicht wirklich die »innere Fackel« Ihrer Seele entzünden können. Wenn Sie das stimmige Bild gefunden haben, dem Sie ein volles Ja geben können, drucken Sie es sich aus (idealerweise in Farbe!). Natürlich können Sie auch selbst ein Bild gestalten. Hängen oder stellen Sie dieses Bild so auf, dass Sie Ihre persönliche Ikone für das Heilige möglichst oft wahrnehmen können.

Sie können diese Übung auch mit einem für Sie noch fremden oder schwierigen Gottesbild aus der Liste wiederholen. Auf diese Weise können Sie Ihren inneren Raum für neue und überraschende Möglichkeiten der Gottesbegegnung weiten.

Schreiten in seiner liebenswerten Flamme

Ein apokryphes Herrenwort Jesu lautet: »Wer mir nahe ist, ist nahe dem Feuer.« Das ist mystische Sprache und verweist auf innere Erfahrungen, die sich auch in dem Jeremiawort (23,29) spiegeln: »Sind meine Worte etwa nicht wie Feuer?«

Probieren Sie einmal aus, wie es sich anfühlt, wenn Sie sich vor Ihr positives Gottesbild aus der vorigen Übung setzen, es ruhig betrachten und dabei langsam, Satz für Satz, den nachfolgenden Text von Therese von Lisieux zu diesem Bild hin sprechen.

Gestützt ohne jede Stütze,
ohne Licht und in den Finsternissen
schreite ich voran,
mich in Liebe verzehrend ...
Dabei habe ich die Erfahrung:
Die Liebe weiß aus dem Guten wie aus dem Schlechten,
das sie in mir findet, Nutzen zu ziehen.
Welch eine Kraft!
Sie gestaltet meine Seele in sich um.
Dieses Feuer, das in meiner Seele brennt,
durchdringt mein Herz, ohne nachzulassen.
So schreite ich in seiner liebenswerten Flamme,
mich in Liebe verzehrend.

Erwacht da etwas in Ihnen? Wo und wie nehmen Sie es wahr?

Schließen Sie dann die Augen. Nehmen Sie nun das Bild und die Worte allein von innen her wahr, als würden Bild und Text im warmen Schein einer inneren Fackel auf die Innenwände Ihres Herzen projiziert. Wie erleben Sie das?

Probieren Sie nun aus, ob sich von Ihrer Herzmitte her ein Weg liebender Sehnsucht auftut, der Sie einlädt, ihm in die geheimnisvolle Dunkelheit zu folgen. Nehmen Sie dabei genau wahr: Wie fühlt sich das »Schreiten in seiner liebenswerten Flamme« an? Was zieht Sie an? Hält Sie etwas zurück?

Auch wenn Sie nicht sofort losgehen können – schon ein kleiner Schritt oder wenigstens eine bewusste innere Hinwendung in Richtung Liebe ist gut. Und wenn selbst das nicht leichtfällt, befragen Sie erst einmal Ihre Ahnung: Wie könnte es sich wohl anfühlen, »in seiner lie-benswerten Flamme« zu schreiten? Vielleicht probieren Sie es einmal bei einem Abendspaziergang aus?

Den Pseudo-Tempel anzünden

Das innere Feuer hat auch eine reinigend-transformative Kraft, die man aktivieren und heilbringend einsetzen kann. Eine Weisheitsgeschichte handelt von einem Schüler, der es leid ist, dass sein Meister ihn immer wieder infrage stellt. Der Meister scheint nichts anderes im Sinn zu ha-ben, als die mühsam erworbenen und hochheiligen Überzeugungen seines Schülers zu zerstören. Als der Schüler sich beschwert, erwidert der Meister: »Ich lege nur Feuer an den Tempel deiner vielen Überzeugungen. Wenn er erst einmal niedergebrannt ist, wird dein Herz leuchten und du wirst eine ungehinderte Sicht auf den weiten, grenzenlosen Himmel haben.«

Malen Sie einen Tempel mit vielen Säulen. Ordnen Sie jeder Säule eine Ihrer festen religiösen Überzeugungen zu. Wenn alle Säulen beschriftet sind, können Sie nach Ihrer inneren, reinigenden Fackel greifen. Leuchten Sie mit Ihrer »inneren Fackel« an jede Säule und stellen Sie eine einzige sanfte Frage, immer und immer wieder. Die Frage lautet: »Spricht hier die Liebe?« Sie brennt alles Unwesentliche weg und bringt die Säulen religiöser Pseudokonzepte zum Einsturz, die den Blick auf die unendliche Weite des GÖTTLICHEN verbauen.

Die Festtafel im Feuer

Der islamische Mystiker Rumi schrieb viel über Jesus. Es sind leuchtende Zeilen, die in ihrer Liebe und Verehrung für den erleuchteten Mann aus Nazaret wundervolle innere Bilder enthalten. Probieren Sie aus, was der folgende Text aus seinem großen Werk, dem »Matnawi«, in Ihnen bewirkt, wenn Sie seinen dreifachen Code lesen.

In diesem Feuer habe ich eine Welt gesehen,
in der jedes Atom den Atem Jesu besitzt.
Komm herein und rufe auch die anderen,
denn der König hat eine Festtafel im Feuer gedeckt.

Was würde Ihnen helfen, gerne in diese mystische »Welt mitten im Feuer« einzutreten? Wie würde sich der Atem Jesu in Ihren eigenen Atomen, Molekülen, Zellen und Organen, im ganzen Körper anfühlen? Welche »anderen« würden Sie gerne herbeirufen und bei sich an der Tafel sehen? Wo säße der König und wo Sie selbst? Welche köstlichen Gaben würde die Tafel bereithalten? Vielleicht haben Sie auch Lust, nach Ihrer Imagination Ihre inneren Bilder von der »Festtafel im Feuer« zu malen.

Christus als Feuer

Imaginieren Sie einmal das Feuer, von dem am Ende des mystisch orientierten Johannesevangeliums die Rede ist (Kap. 21). Jesus, der Auferstandene, hat für die erschöpften Jünger, die im Morgengrauen müde vom Fischfang zurückkehren, ein Feuer angezündet und ein Frühstück zubereitet. Als Hilfsmittel können Sie eine Kerze anzünden oder noch besser sich direkt an ein Kamin- oder Lagerfeuer setzen. Wiederholen Sie nun leise murmelnd oder als stilles Mantra im GEIST ein kurzes Gebet aus einem Hymnus von Ephräm dem Syrer: »Christus, der du ganz Feuer bist, erbarme dich meiner!«

Versenken Sie Ihren Blick in das lebendige Flackern der Flammen und ziehen Sie dabei das Feuer gleichsam in die Mitte Ihrer Brust hinein. Spüren Sie das Feuer nun in Ihrem Inneren, lassen Sie zu, dass sich seine glutvolle Wärme, sein erhellendes Licht ungehindert in Ihnen ausbreitet. Wie fühlt sich das körperlich an? Was passiert dabei mit Ihren Gefühlen? Tauchen Bilder in Ihnen auf? Was ist, wenn Sie abwechselnd sich selbst und Christus mit dem Feuer gleichsetzen? Wenn Sie damit Erfahrungen gesammelt haben und Sie ganz von Sehnsucht, Liebe und Hingabe ausgefüllt sind, lassen Sie das Bild vom Feuer (und alle anderen Bilder) los. Es war nur ein Hilfsmittel, um die pure Liebe in Ihrem Bewusstseinskern zu entzünden und dem GÖTTLICHEN in Ihnen Raum zu geben.

Die lebendige Flamme der Liebe

Der spanische Mystiker Johannes vom Kreuz schrieb ein berühmtes Gedicht über die »Lebendige Flamme der Liebe«, das er selbst auch auslegte. Es beginnt mit folgenden Zeilen:

O lebendige Flamme der Liebe,
die du mir zärtlich versehrst
meine Seele in ihrer tiefsten Mitte!

Schließen Sie die Augen und nehmen Sie eine Weile nur bewusst Ihren Ein- und Ausatem wahr. Loten Sie dann behutsam für sich aus, wo Sie die »tiefste Mitte« Ihrer Seele vermuten. Versenken Sie sich liebevoll in diesen zartesten Punkt Ihres Inneren. Lassen Sie sich an diesem Punkt äußerst vorsichtig wie von einer ganz zarten Flamme berühren, die, wie Johannes vom Kreuz sagt, »alles Brennbare verbrennt, um alles Schenkbare zu schenken«.

Der aufgehobene Stein

Ich bin das Licht, das über allen ist.
Ich bin das All –
das All ist aus mir hervorgegangen, und das All ist zu mir gelangt.
Spaltet das Holz, und ich bin da.
Hebt einen Stein auf, und ihr werdet mich dort finden.

▬▬▬ Wort Jesu aus dem Thomasevangelium, Logion 77

Das mystisch ausgerichtete Thomasevangelium gehört nicht zum Kanon des Neuen Testamentes. Trotzdem ist es Jesus sehr nahe und eine einzige Einladung, von ihm inspiriert selbst den Weg nach innen zu gehen und dadurch ein lebendiger, geisterfüllter Mensch zu werden. Die menschliche Seele hat ein großartiges Entfaltungspotenzial: Je mehr GEIST sie in sich Raum geben kann, umso mehr Tiefe und Weite gewinnt sie und desto mehr Sinnerfahrung schenkt sie an uns zurück. Das Gegenteil davon wäre, dass unsere seelischen Kräfte verkümmern und uns unser Leben sinnlos vorkommt. Unzählige Menschen leiden heute an dieser existenziellen Frustration, wissen aber nicht, wie sie ihr entgehen können. Wie fängt man es an, dass der GEIST, der den ganzen Kosmos durchdringt und überall wirkt, im eigenen Inneren erfahrbar wird? Dazu sagt dieses kurze Jesuswort aus dem Thomasevangelium vier erstaunliche Dinge:

Erstens lehrt es, dass überall, bei jedem Menschen, das »Licht« ist. Licht ist *die* mystische Metapher für die Wesenserfahrung der unmittelbaren Gegenwart des GÖTTLICHEN. Dieses »Licht über allen« will alle Menschen erreichen und ausfüllen, ausnahmslos. Dazu kommt es, bildlich gesprochen, »von oben« auf sie zu. Der Mensch seinerseits kann die umgekehrte Bewegung vollziehen: Er kann sich »von unten her« auf das Licht zubewegen. Alle Mystiker der unterschiedlichsten spirituellen Traditionen sprechen davon, welche Möglichkeiten der Mensch hat, sich dem Licht zu öffnen. Wer diese Erfahrung einmal gemacht hat, wird sie nie vergessen. Wer wie Jesus dauerhaft in diesem Licht steht, der kann nicht mehr zwischen sich und dem Licht trennen. Er ist eins mit ihm. Das Licht der Welt, die Große Wirklichkeit, lehrt Jesus, ist all-eins mit allem, es kennt keine Trennungen, es ist non-dual.

Zweitens sagt dieses Logion, dass wir eine kosmische Heimat haben und unsere spirituellen Erfahrungen zugleich die Erfahrungen des Kosmos sind. Das Universum gelangt in uns und durch uns zu seinem Bewusstsein. Es füllt uns aus, ist Erfüllung. Der im ganzen Kosmos wirkende GEIST ist unsere Heimat, aber er sucht auch Heimat in uns. Den Prozess dieser Bewusstwerdung kann man aktiv anstoßen und mitgestalten. Dafür braucht es unsere Einsatzbereitschaft und Einübung.

Das Holz der Wirklichkeit aufspalten

Darum benutzt Jesu sein *drittes Bild* vom *Holz spalten*. Holz spalten zu können ist eine Frage des Geschicks. Wer diese anstrengende Arbeit kennt, der weiß, dass gute Holzhacker weniger schnell ermüden als Ungeübte. Das liegt daran, dass sie dank ihrer langjährigen Erfahrung intuitiv den Punkt erfassen können, wo das Holz eher bereit ist, nachzugeben. So kann sich die Axt leichter den Weg bahnen. Auf die spirituelle Ebene übertragen heißt das, dass man unter Anleitung auch Geschick für den Umgang mit den eigenen inneren Prozessen entwickeln kann. Ohne Übung oder Unterweisung durch spirituell Erfahrene hat man es entsprechend schwerer. Wenn unser Bewusstsein aber darin geübt ist, mit dem göttlichen GEIST der Wahrheit zusammenzuarbeiten, dann kann es die eigene seelische Wirklichkeit so »aufspalten«, dass der darin verborgene GEIST sichtbar wird. Weil dieser GEIST allumfassend und eins ist, wird in seinem Licht das nüchterne Erkennen der eigenen Spaltung möglich. Wir sehen unsere Zerrissenheit, begreifen unser dualistisches Wahrnehmen von Wirklichkeit und sehnen uns nach der Ganzheit hinter den Gegensätzen. Darum üben sich Mystiker darin, das scheinbar tote Holz der eigenen Wirklichkeit so präzise aufzuspalten, dass ihnen der verborgene, aber ständig anwesende, ungeteilte, göttlich-kosmische Zusammenhang offenbar wird.

Den schlafenden Stein wecken

Dafür brauchen wir nun die *vierte* rätselhafte Bemerkung, die Jesus im Thomasevangelium macht:

Hebt einen Stein auf,
und ihr werdet mich dort finden.

Jesus, das Licht über allen, Gott, den kosmischen, allgegenwärtigen, ungeteilten, non-dualen GEIST – all das können wir finden durch das Aufheben eines Steines? Irgendeines Steines? Wie soll das gehen? Gibt es vielleicht irgendwo einen besonderen Stein mit zauberhaften Kräften, den er da gemeint haben könnte?

Nein, Jesus war kein Magier, und der Weg der Mystik ist alles andere als magisch. Die Antwort muss lauten: Es kann tatsächlich jeder beliebige Stein sein. Es kommt darauf an, dass ich dabei mit vollem Herzen und der Kraft meiner ganzen Seele zeichenhaft nach dem GEIST Gottes greife, der in der Tiefe der Materie verborgen ist und zugleich alle Materie enthält und umfasst. Dann, und nur dann wird tatsächlich aus dem einfachen Aufheben irgendeines Steins mein unverwechselbares Ausgangssymbol für die Suche nach Gott und mein heiliger Akt des Beginnens.

Die jüdische Dichterin Nelly Sachs hat in ihrem Gedicht *Chor der Steine* diesen besonderen Moment vom Aufheben des Steins poetisch festgehalten:

Wenn einer uns hebt
Hebt er Urzeiten empor –
Wenn einer uns hebt
Hebt er den Garten Eden empor ...
Unser Gemisch ist ein von Odem Durchblasenes.
Es erstarrte im Geheimnis
Aber kann erwachen an einem Kuss ...

Den Stein aufzuheben und den göttlichen Odem in ihm mit einem »Kuss« wieder zum Leben zu erwecken, das ist ein wundervolles Bild für spirituelles Erwachen. Der schlafende Stein dagegen, der unbeachtet am Boden liegt und einst »im Geheimnis erstarrte«, beschreibt unseren unbewussten Zustand davor. Nikolaus von Kues hat als Mystiker das Gleiche erfasst: »Die ganze Schöpfung kennt ja ihren Schöpfer, versteht sein Wort und folgt ihm. Sagt er zu einem Steine, er soll Leben werden, so hört er es und gehorcht.« Als extrem dauerhaftes, anorganisches Urmaterial ist der Stein ein würdiges Symbol für die unvergängliche geistige Potenzialität des Göttlichen, aus der alles werden kann.

Die heilige Botschaft der Steine

Der Stein ist auch ein uraltes Symbol für das menschliche Selbst. Er ist einfach da, so, wie er ist. Er erinnert uns an unseren unverlierbaren Wesenskern jenseits der Gedanken, Konzepte und Gefühle des Ichbewusstseins. Er verkörpert unser reines Sein und symbolisiert das in uns, was fortdauert. Der Stein sagt: Du bist im Kern eine Einheit, die unzerstörbar ist. Er drückt auch die Erfahrung mit etwas Ewigem und Unwandelbarem aus. Darum verknüpften die alten Mystiker den Stein mit einer doppelten Symbolik. Für sie stand der Stein zum einen für den »inneren Menschen«, der erst erwachen muss und noch schläft, solange der »äußere Mensch« allein das Sagen hat. Zum anderen vermittelt die Festigkeit und Dauerhaftigkeit eines Steins auch heute noch bereits ein

Grundgefühl von »einer Sache, die nicht stirbt«. Seit Urzeiten verwenden Menschen Steine, um damit etwas Dauerhaftes zu schaffen oder Ewiges auszudrücken. Darum wurden in unzähligen Kulturen Tempel, Kirchen und Moscheen aus Stein errichtet oder Grabmale und Götterbilder aus Stein gehauen. Die wichtigsten Heiligtümer auf Erden sind alle aus Stein und haben einen einzigen Zweck: dem Menschen die ewige Gegenwart Gottes ins Bewusstsein zu bringen. Der erhabene, unvergängliche Gott wohnt gewissermaßen verborgen im Stein, aber er schläft nicht, er ist wach und gegenwärtig. In Mekka, wo die Kaaba, das »Haus Gottes« mit dem darin eingelassenen schwarzen Stein steht, wird das für einen moslemischen Pilger deutlich. Ein christlicher Wallfahrer, der eine Kathedrale besucht, vergegenwärtigt sich in diesem Gotteshaus mit den himmelwärts strebenden Steinsäulen die Größe, Herrlichkeit und Unvergänglichkeit Gottes. Beide aber erlauben den Seelen der Gläubigen, die heilige Botschaft der Steine zu lesen.

Das Erwachen der Tiefe

Wenn wir also voller Vertrauen und Sehnsucht den »Stein aufheben«, dann hoffen wir auf zwei Dinge: Erstens, dass unser innerer Mensch, unsere Seele zu einem wahrhaft spirituellen Leben erwacht. Und zweitens, dass ab jetzt der GEIST Gottes selbst beginnen wird, zu uns zu sprechen. Wir sind sehnsüchtig Wartende und hoffen darauf, das zu erleben, was Rainer Maria Rilke als die Ursehnsucht des menschlichen Herzens beschrieben hat:

Und du wartest, erwartest das Eine,
das dein Leben unendlich vermehrt;
das Mächtige, Ungemeine,
das Erwachen der Steine,
Tiefen dir zugekehrt ...

Das Erwachen der Steine markiert das Erwachen der Tiefe in uns. Darum geht es. Darum bücken wir uns beim Spaziergang wie zufällig nach einem Stein, stecken ihn in die Tasche und nehmen ihn mit nach Hause, wo er auf unserem Schreibtisch oder dem Fensterbrett liegen und uns anschauen kann. Er hat uns »irgendwie« angesprochen, und die Tiefe in uns hat darauf geantwortet!

Meilensteine für den spirituellen Weg

In vielen alten Kulturen wurden Steine immer dann aufgehoben und aufgerichtet, wenn Menschen eine besondere Begegnung mit dem Numinosen hatten. Auch im Alten Testament (1 Mose 28) gibt es eine Geschichte von einem Mann, der »den Stein aufhob«, um damit sein spirituelles Erwachen zu markieren. Die Rede ist von Jakob, dem Sohn Isaaks, der auf Brautschau in der Fremde unterwegs ist und während dieser Reise in der Wildnis übernachten muss. Die Sonne ist untergegangen und er will sich zum Schlafen niederlegen. Dafür nimmt er sich einen Stein als Kopfkissen, setzt ihn an das Kopfende seines Lagers und schläft ein. In dieser Nacht hat Jakob den berühmten Traum von der Treppe, die Himmel und Erde verbindet und auf der die Engel auf- und niedersteigen. Und er sieht Gott ganz oben stehen, der ihm Segen und Fülle verheißt und ihm zusichert: »Ich bin mit dir und will dich behüten, wohin du auch ziehst, und will dich nicht verlassen!«

Als Jakob am nächsten Morgen wieder aufwacht, ist er noch ganz ergriffen und sagt: »Das ist ja unglaublich! Der Herr wohnt hier, und ich wusste es nicht! Wie heilig ist dieser Platz! Hier ist nichts anderes als Gottes Haus, und hier ist die Pforte des Himmels!« Und dann macht er genau das, was Jesus im Thomasevangelium empfiehlt: Jakob hebt den Stein auf. Er richtet ihn auf als dauerhaftes Erinnerungszeichen eines tiefen spirituellen Momentes, in dem er »den Himmel« offen erlebte. Dann weiht er ihn mit Salböl und gibt dieser Stelle den Namen Bet-El, was »Haus Gottes« bedeutet. Und zugleich sagt dieses Steinmal, dass

Jakob damit innen wie außen seinen ureigensten Ort, sein »Seelenhaus« gefunden hat. Ein klares Zeichen für eine überaus erinnerungswürdige Erfahrung einer inneren Einheit. Himmel und Erde, GEIST und Materie sind nicht getrennt, sie sind eins. Als Zeichen für diese besondere Bewusstseinserfahrung stellt Jakob seinen Stein auf und nimmt damit dankbar und staunend seinen Platz im Kosmos ein.

Einswerden und Ihren einmaligen Platz im Universum einnehmen, das können und dürfen Sie mit gleichem Recht wie Jakob tun. Fahnden Sie bitte in Ihrer Erinnerung einmal nach den Momenten, von denen Sie sagen könnten: Das war eigentlich unglaublich. Da wirkte der Himmel mit. Da war ich an einem heiligen Platz. Da ging für mich ein Stück Himmel auf, waren Himmel und Erde verbunden, war alles eins. Da war ich tief bewegt und zugleich war alles ganz einfach und klar. So lebendig habe ich mich noch nie gefühlt und gleichzeitig so gehalten. Daran will ich mich immer erinnern können! Auch wenn Sie das nur ansatzweise sagen können, benennen Sie damit die wahren Meilensteine Ihres spirituellen Weges. Es geht darum, ob Sie ahnen oder wissen, in welchen Augenblicken Ihres Lebens Sie die göttliche Tiefe zu sich sprechen lassen konnten.

Ich habe übrigens noch keinen Menschen getroffen, der nicht in der Lage gewesen wäre, einen Stein zu meditieren. Mag einer scheinbar noch so wenig Glauben, Selbstwahrnehmung oder Wissen um die eigene Tiefe haben, mit einem Stein kann man immer beginnen. Wenn ich die Teilnehmer in einer Gruppe darum bat, draußen in der Natur nach einem Stein Ausschau zu halten, der ihnen persönlich etwas zu sagen habe, kamen früher oder später alle mit einem Stein zurück. Und sie alle ließen den Stein zu sich sprechen. Sie entdeckten im Dialog mit dem aufgehobenen Stein verborgene Aspekte ihrer selbst oder begannen zu ahnen, dass sich ihnen »via Stein« die Großmacht der ewigen Tiefe zuneigen wollte.

Dunkle Steine, weiße Steine

Gerade auch in den harten Zeiten und sinnarmen Phasen unseres Lebens sollten wir den Stein aufheben und mit seiner Hilfe sorgfältig in uns hineinlauschen. Gibt es da nicht doch ein Echo in uns? Es mag sein, dass wir im ersten Moment gar nichts Beglückendes hören: »In den Steinen plätschert die Finsternis«, sagt der Dichter Jan Skácel warnend. Wir fühlen es ja auch: Ein Stein kann Härte, Kälte, Verschlossenheit ausstrahlen. Der Stein spiegelt uns auch da aufrichtig wider. Mancher von uns erschrickt da erst einmal, zögert, weicht zurück. Aber das sollten wir nicht. Schauen wir doch hin! Unser Herz steht immer in der Gefahr zu versteinern. Verhärtung, Sturheit, Kälte, Gefühlsverlust, Verbitterung verraten dann, dass unser ganzes Sein in eine Erstarrung geraten ist. Der Stein erlaubt uns, dass wir uns in seiner Gegenwart darüber bewusst werden. Er hält das aus, denn er ist uralt, fest, ausdauernd, belastbar – ein vorzüglicher spiritueller Lehrer.

Ich erinnere mich an ein Seminar wenige Jahre nach der »Wende« in Sachsen, das ich zum Thema »Unsere dunkle Seite« leitete. An einer Stelle im Prozess ging es darum, draußen einen Stein zu suchen, der die eigene Erfahrung mit dem Schuldigwerden ausdrücken kann. Die meisten brachten einen kleinen bis faustgroßen Stein, um ihn am Altar Gott vor die Füße zu legen. Manche brachten scharfkantige Steine, andere geschwärzte. Nicht wenige weinten still. Ein Mann, kräftig gebaut, schleppte unter Aufbietung aller seiner Kräfte einen viele Kilo schweren Steinbrocken heran. Es war ein Bußgang, bei dem jeder Schritt schmerzte und zugleich Befreiung brachte. Dieser Mann hatte beschlossen, die eigene innere Versteinerung aufzuheben und sie vor Gott zu bringen. Ich werde ihn nie vergessen, wie er da schwer atmend am Altar stand mit seinem vor Gott aufgehobenen Schuldstein, und wie langsam Frieden in sein leidvolles Gesicht trat. Es war wie im Märchen, wenn der Fluch der Versteinerung, von dem eine Gestalt getroffen worden war, wich und der lebendige Atem des GEISTES in sie zurückkehren durfte. Die Bibel hat für diese Erfahrung der Annahme des eigenen Schattens ein weiteres schönes Steinbild gefunden. In Offenbarung 2,17 heißt es: »Wer überwindet, dem will ich geben von dem verborgenen Manna und will ihm geben einen weißen Stein; und auf dem Stein ist ein neuer Name geschrieben, den niemand kennt als der, der ihn empfängt.«

Die Auseinandersetzung mit dem eigenen Schatten stärkt und reinigt unsere Seele. Aus dem dunklen Schattenstein wird ein weißer Leuchtstein, der den Namen unserer wahren heiligen Identität trägt. Menschen, die das erfahren haben, sind die leuchtenden Kieselsteine Gottes, die er unermüdlich vor unseren Füßen auslegt, um uns den Weg zu sich zu weisen – wie die im Mondlicht schimmernden weißen Kieselsteine, die Hänsel im Märchen ausstreut, um den Weg nach Hause finden zu können.

Lebendige Steine werden

Für Christen ist Jesus selbst der wichtigste Stein zur Orientierung. Dazu haben die Seelsorger der Urgemeinden geraten, wie man im Neuen Testament nachlesen kann: »Der Herr ist freundlich, das habt ihr ja schon geschmeckt! Kommt doch zu ihm als dem lebendigen Stein, den die Menschen als unbrauchbar weggeworfen haben, der bei Gott aber von erlesener Kostbarkeit ist! Genau solche lebendigen Steine könnt ihr selbst auch werden. Lasst euch einbauen in das spirituelle Haus, das entstehen soll« (1 Petrus 2).

Ich selbst habe einmal während einer spirituellen Krise Schweigeexerzitien gemacht. Das Exerzitienhaus lag am Rand eines wunderbar urtümlichen Naturschutzgebietes, in dem ich stundenlang herumschweifte und meinen Schmerz und meine Verzweiflung nur einem kleinen, sanften Fluss anvertraute, der tief verborgen im Wald stille kleine Wellen an sein Kieselsteinufer schlagen ließ. Weil ich mich so verirrt, ausgebrannt und gottverlassen fühlte, bat ich um ein einfaches Zeichen, dass der Himmel mich nicht vergessen habe. Normalerweise mache ich so etwas nicht, aber wenn es einem schlecht geht, rutscht man schon mal auf die frühe, kindlichere Ebene des magischen Denkens zurück und hofft, wenn schon nicht auf ein Wunder, so doch auf ein Zeichen. Ob Sie es glauben oder nicht: Kurz darauf spülte der Fluss mir einen Kieselstein in Form eines kleinen roten Herzens vor die Füße. Ich hätte nie gedacht, dass mich ein kleines Stückchen Mineral einmal so würde trösten können. Dieser freundliche Zu-Fall brachte mir die großartige Verheißung aus dem Alten Testament ins Gedächtnis zurück: »Ich werde ihnen ein anderes Herz geben, einen neuen Geist will ich ihnen verleihen. Ich will das steinerne Herz aus ihrem Leib wegnehmen und ihnen ein menschliches Herz geben, damit sie nach meinem Willen leben können« (Hesekiel 11,19).

Das ist der Unterschied zu einem Stein, den wir unterwegs gedankenlos aufklauben und dann wieder achtlos irgendwohin wegwerfen. Der kleine Stein, den ich damals aufhob, war und blieb genauso ein Stück Natur wie alle anderen Steinchen dort auch. Aber es war eines, das mich ansprechen konnte, weil ich bei aller Verstörung und inneren Gottesleere nicht aufgegeben hatte, im Dialog mit der Wirklichkeit Gottes um mich herum zu bleiben. Dieser kleine Stein war kein Wunderstein, aber Gottes GEIST sprach mich durch ihn an. Natur und GEIST wirkten freundlich zusammen, um mich zu trösten und ein uraltes Gotteswort in meiner bekümmerten Seele neu zu beleben.

Übungen zur Vertiefung

Der Ruf der Steine

Gott bleibt nicht versteinert und tot.
Selbst die Steine rufen und erheben sich zum Geist.

▬▬▬ Georg Wilhelm Friedrich Hegel

Imaginieren Sie einen Spaziergang oder eine Wanderung durch die Natur. Nehmen Sie Ihren Weg und die Umgebung achtsam wahr, die Ihnen Ihre inneren Bilder zuspielen. Stellen Sie sich vor, dass Sie von einem ganz besonderen Stein gerufen werden, den Sie in ihrer inneren Landschaft suchen. Sie vernehmen sein Rufen mit jedem Schritt etwas besser, während Sie auf ihn zugehen. Wenn Sie ihn gefunden haben, nehmen Sie ihn in die Hand oder legen Sie Ihre Hände auf ihn, um sich mit ihm vertraut zu machen. Wie schaut er aus? Was strahlt er aus? Wie lautet die Botschaft Ihres Steins?

In den Stein lauschen

Menschen und Steine sind gleichermaßen Geist,
aber nur der Mensch kann diese Tatsache erkennen,
und zwischen dem Stein und dem Menschen liegt die Evolution.

Ken Wilber

Nehmen Sie sich die Zeit, bei einem Spaziergang nach Ihrem Stein Ausschau zu halten. Absichtslose Aufmerksamkeit ist dabei die beste Möglichkeit, ihn zu finden. Sie können darauf vertrauen, dass er Sie erwartet. Widmen Sie sich ihm eine Weile, lauschen Sie in ihn hinein. Er kann so in Ihrer Hand erwachen als ein vom GEIST durchwehtes Stück Materie, das Sie an die unendliche Tiefe und Fülle des GEISTES mitten in Ihrem eigenen Bewusstsein erinnert.

Den Stein öffnen

Ich habe eine Kraft in meiner Seele,
mit der ich für Gott empfänglich bin.
Ich bin mir so gewiss, wie ich lebe,
dass nichts mir so nahe ist wie Gott,
ja, dass er mir näher ist als ich mir selber bin.
Er ist es auch einem Stein und einem Holze,
aber sie wissen nichts davon.

Wüsste das Holz um Gott
und erkennte es, wie nahe er ihm ist,
wie der höchste Engel dies erkennt,
so wäre das Holz ebenso selig wie der höchste Engel.
Darum ist der Mensch seliger
als ein Stein oder als ein Holz,
weil er Gott erkennt und weiß,
wie nahe ihm Gott ist.

▬▬▬ Meister Eckhart

Ein Teilnehmer meiner Mystikkurse hat in seinem künstlerischen Schaffen noch einen weiteren Weg gefunden, die heilsame Beziehung zwischen Stein und GEIST auszudrücken. Er zerbricht ganz gewöhnliche graue Kieselsteine in zwei Hälften und belegt dann die beiden Bruchstellen mit Blattgold. Der Stein hat sich geöffnet und sein kostbares Inneres geoffenbart. Wo zuvor nur graue, leblose Materie zu sehen war, leuchtet nun das kostbare Gold als Symbol für die lebendige, verwandelnde Kraft des GEISTES, der alle Materie durchdringt und ihr seinen Atem einhaucht, damit sie erwacht.

Suchen Sie sich einen flachen Kieselstein und zerschlagen Sie ihn mit einem Hammer in zwei Hälften. Welche Geschichte erzählen die beiden Hälften? Holen Sie sich Kreiden oder Acrylfarben: Welche Farbe(n) möchten Sie den Schnittstellen geben? Meditieren Sie den offenen Raum zwischen beiden Steinhälften als einen Lockruf des leuchtenden GEISTES an Sie. Lassen Sie sich ansprechen, vielleicht mit dem schönen Wort Hölderlins: »Komm ins Offene, Freund! [...] Ich hoffe, es werde dem offenen Blick offen der Leuchtende sein.«

An den Stein klopfen

Für Martin Luther war die Bibel ein Stein oder Fels, aus dem während der Meditation über einen Text »Ströme lebendigen Wassers« hervorbrechen können. Er nannte das »Meditieren mit Moses«. Luther verknüpfte dazu zwei Bibelstellen, das neutestamentliche Wort Jesu: »Klopfet an, so wird euch aufgetan!« (Mt 7,7) und eine Szene aus dem Alten Testament, in der Mose am Berg Horeb auf Geheiß Gottes Wasser aus einem Fels schlägt. »Deshalb ist Meditieren mit Moses an diesen Stein zu klopfen; das Strömen der Wasser aber ist das Hervorbrechen vieler Bedeutungen und eines Reichtums an Einsicht ... [wobei] ... im Nu Vieles gelehrt wird.«

Nehmen Sie sich eine Bibelstelle vor und »klopfen« Sie immer wieder mit der gleichen einfachen Frage darauf: Was löst der Text in mir aus? Was noch? Was noch? Was noch? Geben Sie dem subtilen Feld in Ihrem Bewusstsein genug Zeit zu reagieren und notieren Sie alles. Wehren Sie nichts ab, was Ihnen dazu einfällt, lassen Sie erst einmal so viel wie möglich unzensiert und locker aus Ihrem Inneren herausströmen. Anschließend können Sie wie die Mystiker sortieren: Was war bewusstes, rationales Wissen (*scientia*)? Was war erfahrungsgesättigte Lebensweisheit (*sapientia*)? War etwas dabei, das beides überschritt und sich wie ein frisches Geschenk des klaren GEISTES anfühlte (*gratia*)? Und schließlich: Strömte etwas aus Ihrem Inneren hervor, das Ihnen ein unmittelbares, süßes Glück völliger Präsenz schenkte (*suavitas*)?

Sie können an den Anfang und an das Ende dieser Meditation das kurze Gebet des Kirchenvaters Augustinus setzen, mit dem er seine berühmten Bekenntnisse abschloss:

Von dir soll man es erbitten.
In dir es suchen.
Bei dir anklopfen.
So, ja so wird man empfangen,
so wird man finden,
so wird aufgetan werden.

4

Der eingewickelte Gott

Vollende deine Geburt! Das ist die Aufgabe unseres Lebens.
Wir vollenden sie nicht durch Leistung, sondern durch Sein.
Die Erfahrung des Seins, die Erfahrung unseres tiefsten Wesens,
das ist die Hausaufgabe unseres Lebens.

▪▪▪ Willigis Jäger

Gut 50 Jahre vor Martin Luther (1483–1546) und genau 60 Jahre vor Ignatius von Loyola (1491–1556) wurde der italienische Maler Andrea Mantegna (1431–1506) geboren. Mantegna war ein Tischlersohn wie Jesus und musste als Kind das Vieh hüten. Später gründete er seine eigene florentinische Malschule in Mantua und schuf bedeutende Werke in Florenz, Pisa und Rom. Er war 61 Jahre alt, als Kolumbus 1492 Amerika entdeckte. Das Bild auf der nächsten Seite malte er vermutlich 1465. Es war das Jahr, in dem in Köln und Rom Buchdruckereien eingerichtet wurden, nur wenige Jahre nach Johannes Gutenbergs revolutionärer Erfindung der beweglichen Lettern. Eine völlig neue Technik, die den Zugang zu Wissen und Bildung in einem unvorstellbaren Maß erweiterte und wesentlich dazu beitrug, den Paradigmenwechsel vom Mittelalter zur Moderne zu vollziehen.

Mantegna hat Luthers Reformation und die äußeren Umwälzungen nicht mehr erlebt. Er bewegte sich in einer voraufklärerischen Welt, die selbstverständlich davon ausging, dass alles, was in der Bibel steht, genau so geschehen ist. Das Wunder der Jungfrauengeburt wurde als historisches Ereignis und unumstößliche Glaubenstatsache betrachtet und von

Andrea Mantegna »Maria mit dem schlafenden Kind«, 1465,
Gemäldegalerie Berlin © zeno.org

der Heiligen Mutter Kirche zum Seelenheil aller Christen verkündet. Gott beweist seine Macht als Schöpfer, indem er gleichsam von außen in die Materie eingreift und die natürlichen Schöpfungsprozesse außer Kraft setzt, um eine neue Schöpfung und Erlösungsgeschichte mit Jesus Christus zu beginnen.

Mit dem Satz »Wenn Gott nicht auch Macht hat über die Materie, dann ist er eben nicht Gott«, hielt noch vor Kurzem Papst Benedikt XVI. an der biologischen Jungfrauengeburt fest und erklärte sie zur Machtfrage. Nun kann man auf Mantegnas Bild schauen und sich fragen: Hat dieser Maler an der Schwelle zur Neuzeit, in den Geburtswehen der Moderne, ein Bild über die Macht Gottes gemalt? Oder hat er intuitiv ein anderes Gottesbild, ein anderes, inneres Wirken Gottes erfasst? Hat er uns vielleicht eine innere Spurensuche ans Herz legen wollen, von der auch die Mystiker sprechen und für die später Ignatius von Loyola mit seinen geistlichen Exerzitien neue Wege der inneren Selbsterkundung für alle Christen bahnte?

Neugeboren und eingewickelt

Wenn Sie sich Mantegnas Bild anschauen, werden Sie gleich merken: Seine Maria ist keine Himmelskönigin, keine thronende Gottesmutter im Glanz himmlischer Heerscharen und Engelschöre. Was Mantegna hier zeigt, ist eine seiner Zeit weit vorauseilende Vermenschlichung weihnachtlicher Bildprogramme. Schon die Art, wie Maria das schwere Babyköpfchen hält, verrät, dass Mantegna ein richtiges Neugeborenes zeigen will, das noch Monate brauchen wird, bis es seinen Kopf von alleine halten kann. Befreit von herrschaftlichem Gold und mythischem Erzähldekor sitzt hier eine junge Mutter mit ihrem Baby, eine absolut zeitlose, innige »Ikone« über den Anfang des Lebens. Am Baby fallen zwei Dinge auf. Erstens hat es die Augen geschlossen, es schläft, wie es Babys nun mal nach der Erschöpfung durch die Geburt tun. Es sieht noch niemanden, keine Hirten, keine Schafe, weder Ochs noch Esel noch Heilige Könige oder die vielen anderen Figuren, mit denen wir gerne unsere Krippen ausschmücken. Sein Erkennen, sein Greifen und Begreifen hat noch gar nicht begonnen, seine Bewusstwerdung wird sich von nun an langsam vollziehen, liebevoll begleitet und gestützt durch das erwachsene und wache Bewusstsein seiner Mutter.

Zweitens ist dieses Baby, wie es schon zur Zeit Jesu in vielen Kulturen der Erde und bei uns bis ins 19. Jahrhundert Brauch war, am ganzen Körper fest eingewickelt. In Süddeutschland nennt man ein solches Wickelkind in der Krippe »Fatschenkind«. In meiner fränkischen Familie hieß das traditionell in ein Steckkissen eingebundene Jesuskind »Marias Wickelbobbele«. Als Grund für diese Form der Wickelpraxis führte schon Aristoteles an, dass fest gewickelte Kinder stärkere Gliedmaßen bekämen und tapferere Krieger würden. Stimmiger wäre vielleicht, dass das Wickelkind besser vor Schmutz, Keimen, Verletzungen, Ungeziefer und Insekten geschützt war und damit bessere Überlebenschancen hatte. Außerdem halfen mehrere Lagen Stoff, die eigene Körperwärme des Babys konstant zu halten. Der feste Halt gab ihm ein Gespür für seinen begrenzten Körper außerhalb des Mutterleibs.

Wenn wir das Bild symbolisch lesen, offenbart es in jedem Fall aber ein inneres Wissen über unser eigenes spirituelles Potenzial: Es legt die Geschichte vom in Windeln eingewickelten Gotteskind als Einladung zu einem spirituellen Entbindungs-, Entwicklungs- und Selbstwerdungsprozess aus, wie wir ihn alle durchlaufen können. Jesu Leben und Wirken dient dabei als Urform, die unsere mögliche Entwicklung als einen Befreiungsweg ins Leben hinein vorbildet. Eine Deutung, die schon der Kirchenvater Ambrosius von Mailand im vierten Jahrhundert vorschlug: »Er wurde eingewickelt in Windeln, damit du herausgewickelt werden könntest aus den Netzen des Todes.«

Ich hoffe, Sie hatten schon einmal die Chance, in Ruhe ein Neugeborenes zu betrachten. Jedes dieser kleinen Wesen ist eine Ikone des lebendigen GEISTES und seiner unendlichen schöpferischen Möglichkeiten. Darum können sich seine Eltern auch gar nicht satt sehen an ihrem Kind, denn sie verlieben sich dabei nicht nur in ihr Baby, sondern gleichzeitig auch in Gott. Genau darum fängt das Evangelium des Lukas mit dem Wickelkind im Stall von Bethlehem an. Dieses Neugeborene erzählt uns allen davon, dass das unendlich große, namenlose EINE bei jeder Geburt ins Unbewusste eingewickelt ist und auf seine künftige Entwicklung durch uns und in uns wartet. Mystiker, die dieses Bild meditieren, wollen darum nicht nur ihre Persönlichkeit entwickeln; ihr Entwicklungshunger richtet sich auf das volle Erwachen des GÖTTLICHEN und UNENDLICHEN mitten in ihrem eigenen Bewusstsein. So wie es in Psalm 17,15 heißt: »Ich will satt werden, wenn ich erwache, an deinem Bilde.«

Involution und Evolution

Der lateinische Begriff für Einwicklung ist *Involution*. Darum können wir von der *Involution* des Heiligen GEISTES in uns sprechen. Die schöpferische Offenheit des GEISTES ist als »Werden-Können« in unsere menschliche Natur eingeschrieben. Es ist, wie Meister Eckhart sagt, das in uns wartende »gottfarbene« Entwicklungspotenzial des Menschen. Der wachsende GottesGEIST in uns ermöglicht uns eine lebenslange emotionale, rationale und spirituelle *Evolution* hin zu immer mehr Bewusstheit, Liebe und Herzensgüte. Jesus selbst hat den Heiligen GEIST als unseren Beistand bezeichnet, und der Evangelist Lukas endet seine liebevolle Erzählung über die Kindheit Jesu mit einem programmatischen Entwicklungsziel für uns alle: »Das Kind aber wuchs und wurde stark voller Weisheit, und Gottes Gnade war bei ihm« (Lk 2,40).

Wenn wir heute die Forschungsergebnisse der Entwicklungspsychologen, Sprachentwicklungsforscher, Sozialpsychologen, Hirnforscher, Prozesstheologen und integralen Philosophen aufeinanderlegen, dann sehen wir, dass sich menschliches Bewusstsein ein Leben lang entwickeln kann und dabei hintereinander klar bestimmbare Bewusstseinsräume durchläuft. Unser Erkenntnisvermögen erweitert sich dabei vom Begreifen eines simplen Sachverhalts bis zum Verstehen sehr komplizierter

Strukturen. Unsere soziale Einstellung verschiebt sich von der egozentrischen Startposition des Kleinkindes, das alles für sich haben will und nur an sich denken kann, hin zu einer Haltung, die von sich absehen, mit anderen teilen und für andere da sein kann – und das nicht nur für unsere Familie und Nächsten, sondern auch für Fremde und Fernste, die wir nie gesehen haben, in die wir uns aber einfühlen können und denen zuliebe wir Gutes zu tun bereit sind.

Abwicklung verbrauchter Bindungen

Wir können sagen: Die engen Bänder, in die wir anfangs eingewickelt sind und die uns in unserer Kindheit Halt gaben, lockern sich immer mehr und fallen nach und nach von uns ab. Ein solch frühes, uns Halt gebendes religiöses Band ist der Kinderglaube an das Christkind, an die freundlichen Engelchen, die die Wunschzettel holen, an die erfüllten Kinderwünsche, an den lieben Gott. Als weiter entwickelte Erwachsene brauchen wir das laut Paulus nicht mehr: »Als ich ein Kind war, redete und dachte ich wie ein Kind und hatte ein kindliches Bewusstsein; als ich aber ein Mann wurde, legte ich das Kindliche ab« (1 Kor 13,11). Auch Jesus selbst lief nicht ewig als infantiles Geschöpf mit kindlichen Wünschen und Gottesvorstellungen herum, sondern wirkte und lehrte als erwachsener Mann mit differenziertem Bewusstsein. Laut Lukasevangelium war das ein Ergebnis biologischer, geistiger und spiritueller Entwicklungsprozesse: »Und Jesus nahm zu an Weisheit, Alter und Gnade bei Gott und den Menschen« (Lk 2,52). Schon in 2,40, also einige Verse zuvor, gebraucht Lukas fast die gleichen Worte für einen ganzheitlichen Wachstumsprozess. Es scheint ihm also sehr wichtig zu sein. Mystiker streben genau einen solchen Prozess an und ermuntern auch andere dazu. Teresa von Ávila schrieb zum Beispiel: »Wer nicht wächst, schrumpft ein. Ich halte es für unmöglich, dass die Liebe sich damit begnügt, ständig auf der Stelle zu treten.« Ähnlich Augustinus: »Wenn du verweilst, dann nur, um dich zu stärken, nicht aber um aufzugeben.«

Entwicklung hin zu etwas Neuem oder Umfassenderen bedeutet immer auch ein Stück *Ab*wicklung von etwas Vertrautem und zu eng Gewordenen. Das erzeugt Spannungen und Ängste. Der progressive Teil in uns will aufbrechen und weiterwachsen, der konservative Teil will seine einmal erreichte Position nicht aufgeben, sondern bewahren. Wirkliche Wandlung entsteht also mitten in einem Feld widerstreitender Tendenzen in uns. Unsicherheit und Angst breiten sich aus: Was verkümmert in mir, wenn ich nicht aufbreche und der Dynamik des lebendigen GEISTES in mir folge? Was verliere ich alles, wenn ich mich weiterentwickle, ohne zu wissen, wo ich hinkomme? Dieses ambivalente Gefühl einer doppelten Angst durchleidet auch das israelitische Volk, wie es in der großen Exoduserzählung aus dem Alten Testament (2 Mose) berichtet wird. Einerseits will Israel weg aus der Sklaverei in Ägypten – ein bislang noch fremdes »Gelobtes Land« rückt als neuer Entfaltungsraum ins kollektive Bewusstsein. Der Weg dorthin führt aber durch die Wüste von Loslassen und leidvollem Verzicht. Wäre es nicht besser, an den mageren Fleischtöpfen unter der furchtbaren ägyptischen Fronherrschaft festzuhalten? Damit würde man aber das eigene spirituelle Potenzial, den schon vernommenen »Ruf Gottes« versäumen und im Machtbereich fremder Werte und Gottesbilder bleiben müssen, die einen nicht wirklich satt machen. Zweifel und Angst sind in einer solchen Situation verständlich und keineswegs angenehm. Aber sie sind auch Entwicklungssymptome, die uns unterstützen möchten. Hier will etwas Neues werden, und erst die bewusste Auseinandersetzung mit unseren Ängsten ermöglicht uns eine Neuorientierung. Das Volk Israel konnte so sein Dilemma lösen und sich heldenhaft für den Exodus und das Risiko der Weiterentwicklung entscheiden.

Mut zum Exodus

Wenn wir den Exodusbericht als exemplarische Erzählung über spirituelle Entwicklung ansehen, können wir sagen: Ohne Mut zum Exodus aus verbrauchten Gottesbildern und Glaubensinhalten kommt man nicht weit. Taucht ein neues Gottesbild in einer Gesellschaft auf, so wird es vom etablierten Glauben an ein anerkannt Heiliges immer als gefährlich und falsch eingestuft werden. Mystiker erleben diese Reaktion als einen Widerstand des religiösen Establishments, so wie Jesus den Widerstand der Pharisäer erfuhr. Es gibt aber auch einen Widerstand, den Mystiker in sich selbst wahrnehmen. Der noch am verbrauchten Gottesbild festhaltende Teil im eigenen Inneren verursacht oft Schuldgefühle und verhindert so die Geburt eines neuen nährenden Gottesbildes im Grund der Seele.

Ich durfte einmal einen sehr fein empfindenden Theologen beim Imaginieren begleiten, der sich im Lauf seines Berufslebens gedanklich längst von der blutigen Sühnopfertheologie (Gottes eigener Sohn muss am Kreuz geopfert werden, damit die Welt mit Gott versöhnt wird) verabschiedet hatte. Trotzdem »spukte« in einer Imagination anfangs noch das Bild eines »offiziellen Sühnopfer-Jesus« herum, der sich ihm als »Verbündeter« gezeigt hatte. Doch statt ihm Geborgenheit, Halt und Vertrauen zu vermitteln, erzeugte dieser Jesus bei ihm Schuldgefühle und Widerstände. Außerdem bekam der Mann große Angst, auf seinem Weg stecken zu bleiben. Er mochte diesen Jesus nicht, spürte aber gleichzeitig Zweifel, ob er »den da einfach stehen lassen« und weitergehen könne. Als ich ihn dazu ermutigte und er es wagte, verblasste die Figur. Eine neue Gestalt erschien, die nur aus Licht bestand. Auch hier spürte er zuerst eine leise Furcht, nun aber war es eine Ehrfurcht vor dem wahren Numinosen, das ihn unmittelbar berührte und auch auf der Körperebene eine positive Resonanz in Form von Kribbeln und Energieschauern erzeugte. Er spürte eine tiefe, warme Verbindung zum »Herzen« dieser Gestalt. In ihrem Licht waren Klarheit, Reinheit und Schönheit eins. Er hatte den Wunsch, in diese Gestalt aus Licht hineinzugehen, was auch ganz einfach geschah. Das Licht durchdrang alles und löste sein getrenntes Ich-Gefühl auf, ebenso alle räumlichen Bilder. Er war »einfach da, außer mir«, gänzlich eins mit dieser »Strahlengestalt aus Licht«, die ihn zart und kräftig zugleich wie ein unsichtbarer »Energiemantel« umhüllte.

Das immer zeigende Göttliche

Für mich illustriert dieses Beispiel sehr schön den Unterschied zwischen einem etablierten, aber wirkungslos gewordenen Gottesbild auf der einen und einem neu im eigenen Inneren lebendig wirkenden Bild für das Heilige auf der anderen Seite. Das GÖTTLICHE kann seine Gestalt in jedem Entwicklungsstadium, das wir durchlaufen, wandeln. Es will sich uns immer wieder neu zeigen, um uns in unserem tiefsten Wesen immer wieder ergreifen und für uns weiterhin bedeutungsvoll bleiben zu können. Darum offenbart sich Gott in der Exodusgeschichte auch als Werdender: »Ich werde sein, der ich sein werde« (2 Mose 3,14). Um diesem immer neu werdenden Gott treu zu bleiben, müssen wir unsere »alten Götter« oder Gottesbilder, die wir einmal innig verehrt haben, opfern. Der Psychologe Erich Neumann hat das einmal so ausgedrückt: »Wir werden lernen müssen zu verstehen, dass auch das an sich ›Verehrungswürdige‹ eine höchste Gefahr darstellt, wenn es nicht mit dem Abrahamsweg übereinstimmt, auf dem der Mensch alle Götter, das heißt immer: ›Verehrungswürdiges‹, opfern muss, um in das Land zu kommen, von dem es heißt: ›das ich dir zeigen werde‹ (1 Mose 12,1).«

»Das immer zeigende Göttliche«, wie Neumann es nennt, erlaubt uns mit jedem Entwicklungsschritt, »höchste Werte zu empfangen und sich mit ihnen zu identifizieren«. Es erfordert aber auch, sie im rechten Moment »zu verlassen und die Identifizierung mit ihnen wieder zurückzunehmen.« Vom GEIST bewegte Erwachsene werden also ihre religiösen Vorstellungen und spirituellen Bilder mehrfach im Leben entwickeln, dann wieder anzweifeln, überprüfen und schließlich abwickeln oder verwandelt weiterentwickeln. Jesus ermutigt dazu immer wieder in Gesprächen mit den Pharisäern, Schriftgelehrten, Jüngern, Frauen und Fremden. Gerade das Zweifeln während einer spirituellen Instabilitätsphase und das Ausschauhalten nach neuen Entwicklungsräumen sind gute Zeichen dafür, dass die spirituelle Reise weitergehen wird. Die Maria auf dem Bild von Mantegna dürfen wir als Symbol für diese wache, erwachsene

Haltung nehmen: Ihre Augen sind offen, sie ist – auf »das immer zeigende Göttliche« in ihrem Inneren lauschend – geneigt, sich ihm zu öffnen und es gleichzeitig schützend in seiner Entwicklung zu begleiten.

Transrationales Bewusstsein

Dafür muss niemand seinen Verstand abschalten. Im Gegenteil: das *rationale* Denken bleibt erhalten, erweitert sich und schließt die inneren Gotteserfahrungen und das Wirken des GÖTTLICHEN in der Materie nicht mehr aus, sondern ein. Das Bewusstsein wird *transrational*. Wir können zum Beispiel die Weihnachtslegende wissenschaftlich und textkritisch erforschen und sie als gestalteten Mythos, als symbolisch hoch verdichtete Erzählung mit zahlreichen religionsgeschichtlichen Parallelen erkennen. Bei einem Mythos geht es aber nicht um biologische oder historische Fakten, sondern wie bei mystischer Dichtung um das Darstellen der göttlichen Erfahrungsmöglichkeiten in unserem Inneren, in den Tiefenschichten der Psyche.

Die Jungfrauengeburt ist ein sehr dichtes, uraltes spirituelles Motiv, ein mystisches Bild für etwas, was Mystiker aller Weltreligionen erfahren und bezeugt haben: das UNENDLICHE oder EWIGE, das in einem einzigen Augenblick ein von Bildern, Wünschen und Gedanken befreites, also leeres (»jungfräuliches«) Bewusstsein »zurückerobern« und dann in uns »alles in allem« sein kann. Der evangelische Mystiker Jakob Böhme sagt darum ganz selbstverständlich auch zu Männern: Werde schwanger mit der GOTTHEIT in dir und gestatte deiner Seele, eine Gottesgebärerin zu werden. Böhme schließt damit an biblische Bilder wie das in Lukas 1,35 an, wo es heißt, dass »das HEILIGE geboren wird«. Meister Eckhart lehrte »Gottes höchstes Streben ist gebären« und betonte: »Darum ist die ganze Schrift geschrieben, darum hat Gott die Welt und alle Engelsnatur geschaffen: auf dass Gott in der Seele geboren werde und die Seele in Gott geboren werde ... Deshalb muss sich die Seele, in der die Geburt geschehen soll, ganz lauter halten ... und ganz gesammelt und innerlich sein.«

Auch der von Böhme stark beeinflusste Arzt und Mystiker Angelus Silesius umkreiste in seinen mystischen Zweizeilern dichterisch dieses Bild der Geburt. Das Bewusstsein soll ganz rein und vollständig leer sein, damit es augenblicklich »gott-schwanger« werden und Gott in sich gebären kann. »Berührt dich Gottes Geist mit seiner Wesenheit, so wird in dir gebor'n das Kind der Ewigkeit.«

Ich in Gott und Gott in mir

Mantegnas Gemälde können wir darum als Einladung zur Bewusstwerdung in zwei Richtungen lesen: Einerseits gibt es den körperlichen, geistigen, sozialen, historischen und kulturellen Entwicklungsprozess, den wir im Lauf unseres Lebens durchlaufen. Er verlangt uns lebenslange Lernbereitschaft ab, da hier wissenschaftlicher Erkenntnisfortschritt immer mehr Weite und Bewusstseinsfülle erzeugt. Andererseits gibt es den mystischen Erkenntnisweg, der uns in unser Inneres führt und von der Suche nach Tiefe und Bewusstseinsstille bestimmt ist. In unserer eigenen Tiefe schlummert etwas, das jederzeit erwachen und uns unsere Herkunft aus dem Unendlichen offenbaren kann. Wir sind nicht nur Milliarden Jahre alter Sternenstaub, wie die Astrophysiker erkannt haben. Mitten in unserem eigenen, begrenzten Bewusstsein stoßen wir auf das unfassbare Mysterium des unendlichen Bewusstseins, das alles durchdringt. Unüberbietbar groß, unendlich, unbegrenzt und doch unfassbar nahe. Eine überwältigende Erfahrung! Mystiker, die das erlebt haben, sagen: Begreife, dass Mensch und göttlicher URGRUND, Materie und GEIST nie getrennt sind. Gott wohnt in uns und wir wohnen in Gott. Angelus Silesius spricht in seinen mystischen Epigrammen immer wieder von dieser wechselseitigen Durchdringung: »Soll ich mein letztes End und meinen Anfang finden, so muss ich mich in Gott und Gott in mir ergründen.« Silesius betont sehr oft : »Ich bin nicht außer Gott und Gott nicht außer mir.« Dazu muss ich mich in mein Inneres versenken und dort »mich in Gott und Gott in mir zusammenfassen«.

Der theologische Begriff für dieses »Ich in Gott und Gott in mir« ist Koinhärenz. Gott und Mensch wohnen, wie der Apostel Paulus lehrt, wechselseitig ineinander, sind ineinander verwoben und nicht mehr zu trennen (Apg 17,23). Wir erfahren uns und Gott als zärtlichen Prozess hin zu immer mehr Bewusstheit, Friedfertigkeit und Liebe. Das ist der endgültige Abschied vom allmächtigen Gott, vor dem man sich fürchten muss, hin zu dem Gott der Liebe, den Jesus verkündet und in uns am Werk gesehen hat. Die beste Weihnachtsbotschaft, die es geben kann!

Von hier aus können wir getrost als vernunftbegabte Wesen diese Welt weiter erforschen und mit unseren Erkenntnissen bereichern. Aber wir erforschen eben mit der gleichen Intensität auch unser Inneres, den geheimnisvollsten Ort der Welt, in dem sich, wie die jüdischen Mystiker sagen, das allerbeste Versteck Gottes befindet. So »wachsen wir in der Erkenntnis Gottes« (Kol 1,10) und vollenden Schritt für Schritt unsere Geburt, wie es Willigis Jäger vorschlägt. Meister Eckhart bietet dazu einen besonders schönen Vergleich an. Er spricht davon, dass jedes Ding danach strebt, sich zu seinem vollen Sein zu entfalten. Der Same des Birnbaums entfaltet sich zu einem Birnbaum. Der Nussbaumsamen entwickelt sich zu einem Nussbaum. Und der Gottessame in uns Menschen ist darauf angelegt, dass in uns Gott heranwachsen kann. Daran erinnern also die Mystiker: Wir selbst sind das schlummernde göttliche Kind, und das GÖTTLICHE will in uns allen erwachen, reifen und lieben.

Übungen zur Vertiefung

Zwei Wickelkind-Imaginationen

Gertrud die Große von Helfta umkreiste das Thema Wickelkind durch kreative Imaginationen. Hier sind zwei ihrer Varianten, die Sie auch für sich ausprobieren können.

1. Das Wickelkind ins eigene Herz drücken. »Am Tage deiner hochheiligen Geburt empfing ich dich als zartes Kindlein aus der Krippe in Windeln eingewickelt in mein Herz eingedrückt.« Das Christuskind bleibt göttliches Gegenüber, findet aber seinen Platz mitten im Herzen der Mystikerin. Dabei wird das Herz zur Krippe, dem ersten »Wohnort« Gottes auf Erden. Stellen Sie sich vor, dass Sie das Neugeborene zunächst im Arm halten, mit dem Köpfchen auf der Höhe Ihres Herzens. Lassen Sie dann das Kind sehr behutsam immer mehr in Ihr Herz hineingleiten. Stellen Sie sich dann vor, wie Ihr Herz das Kind ganz sanft empfängt und umfängt. Wie erleben Sie das? Was strahlt das Kind in Ihrem Herzen aus? Was braucht das Kind, um geborgen zu sein und sich gut entwickeln zu können?

2. Identifikation mit dem Wickelkind. Gertrud spürte einmal bei einer Meditation am Heiligen Abend eine große Sehnsucht, selbst wie das winzige Christkind von der Muttergottes in die Liebe Gottes »eingewickelt« zu werden. Sie imaginierte dieses Wunschbild und sah, dass die »Windeln der Kindheit« aus der »weißesten Leinwand der Unschuld« waren und von Maria mit dem »goldenen Band der Liebe« gebunden wurden. Gertrud deutete sich ihr inneres Bild so, dass jeder Mensch durch ein reines Herz und durch Werke der Liebe genau wie das Jesuskind auch in die Gegenwart und Liebe Gottes eingewickelt wird.

Wie würde es sich für Sie anfühlen, wenn Sie selbst das Wickelkind wären? Welche Farben oder Muster würden Ihre Windeltücher tragen? Was würden sie symbolisieren? Welche Bänder, Verbindungen und Bindungen würden Ihrer Seele gefallen? Wie würden Sie sich als dieses Kind entwickeln? Wie würden Sie sich später als Erwachsene, als Erwachsener fühlen? Wie würden Sie handeln? Lassen Sie dazu Bilder aus der Tiefe aufsteigen und sich entfalten. Schreiben Sie Ihre Gedanken dazu auf.

Die zwei Hebammen

Nach jüdischer Talmud-Tradition sollen einer Frau während ihrer Schwangerschaft und besonders bei der Geburt immer zwei Hebammen zur Seite stehen. Aus altorientalischen Abbildungen wissen wir, dass eine Hebamme den Rücken der Gebärenden stützte, während die andere vor ihr kniete, um bei den Wehen zu helfen und das Kind ins Licht zu heben.

Meditieren Sie einmal darüber, wer bei Ihrer eigenen Entwicklung spirituelle Hebammendienste geleistet hat oder leistet. Wer oder was hat Ihr geistig-seelisches Wohlergehen bei Ihren inneren Wachstumsprozessen begleitet, Sie ermutigt oder herausgefordert? Wer oder was hat Sie währenddessen unterstützt, gehalten, geschützt und getröstet? Denken Sie dabei nicht nur an einzelne Menschen, sondern auch an Gruppen, Orte, die Natur, Bücher, Musik, Kunst oder Filme. Wie hat sich das Abnabeln von bestimmten Vorstellungen, Wünschen und Haltungen vollzogen? Was hat eine wichtige innere Neugeburt gebracht, die Sie vollziehen konnten? Für wen sind Sie selbst – im Sinne der geistigen Hebammenkunst, wie Sokrates die Begleitung von Erkenntnisprozessen nannte – zu einer Hebamme geworden?

Betend das Göttliche zur Welt bringen

In einer Weihnachtsvision sah Birgitta von Schweden (1302–1373), dass Maria ihren Sohn betend zur Welt gebracht hatte, nachdem sie sich ihrer

Obergewänder entledigt und diese beiseitegelegt hatte. Das neugeborene Kind leuchtete so klar, »dass die Sonne nicht mit ihm verglichen werden konnte«. Seitdem gibt es in der Kunstgeschichte das Motiv des nackten Jesuskindes in »unsagbar hellem Strahlenkranz« am Boden, das die kniende Maria »sehr geziemend ehrfurchtsvoll mit gebeugtem Haupt und gefalteten Händen« anbetet.

Nehmen Sie die Körperhaltung ein, mit der Sie sich während Ihres Gebets oder Ihrer Kontemplation am besten auf die Geburt des Göttlichen in Ihrem Innersten einstellen können. Wie bereiten Sie sich emotional auf die Geburt des Göttlichen in Ihrer Seele vor?

Die Bänder des lebendigen GEISTES

Im Neuen Testament spannt sich ein Bogen von den »Wickelbändern« der Kindheit zu den geistlichen Bändern des erwachsenen Bewusstseins. Der Apostel Paulus spricht von der Liebe als dem Band der Vollkommenheit (Kol 3,14). Der Epheserbrief erinnert an das Band des Friedens, durch das die Einigkeit im GEIST gewahrt wird (Eph 4,3). Schreiben Sie in die Mitte eines größeren Blattes Ihren Namen. Denken Sie nun an Menschen, mit denen Sie zu tun haben, mit denen Sie befreundet und verwandt sind, und schreiben Sie diese Namen in für Sie passendem Abstand oder Nähe zu Ihrem eigenen Namen nieder. Zu wem können Sie ein Band der Liebe oder des Friedens zeichnen? (Hier können Sie Buntstifte einsetzen.) Von wem geht ein solches Band aus, auf Sie zu? Wo fehlen Bänder und warum? Gibt es noch andere spirituell bedeutsame Bänder, die Sie benennen und einzeichnen möchten?

Das freigelassene Schaf

Dies Blöken hört am Ende auf. Der Wolf erscheint.
In verschiedene Richtungen laufen wir fort,
stets mit dem unterschwelligen Gedanken,
was für ein Glück wir haben ...

▬▬ Dschelaleddin Rumi

Die Suche nach Gott ist eine Suche in vielen kleinen Schritten, bei denen es auf eines ankommt: die Bewegungen der eigenen Seele zu erfassen, ihnen zu vertrauen und Ausdrucksmöglichkeiten zu verschaffen für die unmittelbaren Bilder, in denen unser Tiefenbewusstsein zu uns sprechen will. Das können Bilder aus eigenen Imaginationen, Träumen oder einfach auch selbst gemalte Bilder sein. Natürlich ist damit kein künstlerischer Maßstab gesetzt. Es geht nur um die Bereitschaft, seinem Inneren zu erlauben, sich nonverbal in Farben und Symbolen ausdrücken zu dürfen. Sehr häufig bat ich meine Seminarteilnehmer einfach nur darum, in der Stille eine für sie wohltuende und bergende Landschaft zu malen, in der es ihrer Seele gut gehen würde. Immer wieder wurden dabei (auch von Kirchenfernen) religiöse Symbole verwendet, wie etwa ein Gipfelkreuz auf der Spitze eines hohen Berges. Nun bedeutet das gleiche Motiv, wenn es bei zwei verschiedenen Menschen auftaucht, aber noch lange nicht dasselbe. Im Gegenteil: Es kann zwei völlig unterschiedliche Schritte auf dem Weg der Gottessuche widerspiegeln. Lassen Sie mich das an zwei Beispielen verdeutlichen.

Ich bin doch nicht blöd!

In zwei verschiedenen Kursen tauchte bei zwei Teilnehmern das gleiche Motiv auf: Man sah einen Hirten, der seine Schafe hütete. Einmal war dieses Motiv auf dem Bild eines etwa 40-jährigen Mannes zu erkennen, der selbst aus der Kirche ausgetreten war und sich seit seiner Schulzeit nie wieder mit biblischen Texten beschäftigt hatte. Und nun stellte ihm seine Seele dieses klassische christliche Bild vor Augen. Wie immer bat ich die Teilnehmer, nach dem Malen eine Bildüberschrift zu finden, die ihrer Seele voll und ganz gefallen würde. Dazu durfte man sich auch mit Nachbarn am Maltisch austauschen. Die seinen assoziierten sofort Jesus und machten Vorschläge mit biblischen Anklang wie »Der Herr ist mein Hirte« oder »Du weidest mich auf grüner Aue« (Ps 23) oder »Die Schafe hören meine Stimme« (Joh 10,27) und so weiter. All das lehnte er aber entschieden und als völlig unpassend für sich ab: »Ich habe die Schafe aus den Karpaten gemalt, wo ich gewandert bin, da ist es noch total ursprünglich, ganz unglaublich, die einsamen Hirten oben in den Bergen mit ihren Tieren! Mit eurem Jesus hat das nichts zu tun, das ist nichts für mich. – Ich bin nicht so ein blödes Kirchenschaf, das einfach nur hinterhertrottet. Ich bin doch als Mensch viel mehr wert als ein Schaf!«

Das vorwärtstrottende Ding

Die beiden letzten Sätze waren eine besonders eindrückliche Demonstration seiner Seele, die sich um seine bewusste Ablehnung keinen Deut scherte, sondern dem unbewussten GEIST in sich erlaubte, sich in christlichen Bildern und Worten auszudrücken. Und der sogar Griechisch verstand! Das Schaf ist nämlich im Griechischen, der Sprache des Neuen Testaments, ein neutrales *probaton*, was durchaus ein bisschen abwertend ist und übersetzt »das vorwärtsgehende Ding« heißt, also ein kollektives Wesen, »das einfach nur hinterhertrottet«, wie es dieser Teilnehmer so treffend formuliert hatte.

Auch sein zweiter Satz hatte einen direkten Bezug zum Neuen Testament, denn er ist der wörtliche Abschluss einer Bemerkung, die Jesus gegenüber seinen Jüngern machte: »Wer ist unter euch, der sein einziges Schaf, wenn es ihm am Sabbat in eine Grube fällt, nicht ergreift und ihm heraushilft? Wie viel mehr ist nun ein Mensch als ein Schaf!« (Mt 12,30). Jesus macht mit dieser knappen Bemerkung schlagartig aus dem kollektiven, unbewussten schreckhaften Herden-»Ding« ein unverwechselbares Individuum, das sich dank göttlicher Hilfe seiner selbst bewusst sein und sicher fühlen kann. So lieferte uns der Widerstand dieses Mannes die Vorlage für seinen nächsten Arbeitsschritt. Denn nun war er doch verblüfft über seine »geheimen Bibelkenntnisse« und wollte mehr herausfinden.

Was Schafseite und Hirtenseite sagen

Wir entwickelten gemeinsam die Aufgabe, dass er auf einem Blatt alle seine spirituellen »Schafsanteile« notieren sollte und auf einem zweiten Blatt alle seine Wünsche zur »Hirtenseite«: Was würde ihn bei seiner Suche nach Gott unterstützen, bewahren, gut versorgen und würdigen?

Seine »Schafseite« offenbarte, dass er zwar mit der christlichen Kirche nichts zu tun haben wollte, aber ansonsten mit dem brennenden Herzen eines aufrichtigen Gottessuchers unentwegt religiösen Angeboten hinterherlief. Bisher hatte er allerdings nirgendwo echte Orientierung für sich gefunden, sodass er sich mittlerweile recht »belämmert« und verloren vorkam.

Die Hirtenseite offenbarte seine Sehnsucht nach einem kompetenten geistlichen Begleiter, »wo ich einfach mal jemanden habe, der mir etliche Schritte voraus ist und ein Auge auf mich hat und von dem ich mir Rat holen kann in religiösen Fragen«. Das »verlorene Schaf« in ihm war also auf der Suche nach einer entlastenden geistlichen Situation und durchaus bereit, eine Weile hinter einem »guten Hirten« herzugehen, um mithilfe eines erfahrenen Seelsorgers vorwärtszukommen. Er kannte sogar einen Pater, dem er diesen guten Umgang mit seinen »Schäflein«

durchaus zusprach. Er hatte ihn aber noch nie kontaktiert, weil er eben »auch wieder so einer von der Kirche war«. Das wollte er nun versuchen. Seine selbstformulierte Bildunterschrift hieß darum am Ende: *Der gute Hirte hilft dem Schaf, seine Richtung zu finden und seine Herzenswünsche zu entdecken.* Kreativ wie er war, kam er in der Pause noch auf die Idee, selbst schon mal einen »Hirtenbrief« an sein inneres Schaf zu schreiben, den ich lesen durfte. In sehr zarten und feinen Worten versprach er ihm, es nicht mehr aus den Augen zu lassen und gut für es zu sorgen.

Auch Schafe dürfen bockig sein

Nun zu dem zweiten, verblüffend ähnlichen Bild aus einem weiteren Kurs, das eine Frau um die 60 gemalt hatte. Auch bei ihr hatte der unbewusste GEIST das bekannte Motiv vom Hirten und den Schafen gewählt. Hier war es ein fröhlich-frecher Hirtenbub, der auf einer Panflöte seinen Schafen auf der grünen Wiese etwas vorspielte. Aber der Fall dieser Teilnehmerin lag genau anders herum. Sie war fest in eine traditionell geprägte Kirchengemeinde eingebunden und beschrieb sich selbst als »treues Schäflein« ihrer Kirche. Ihr fielen sofort die Schafsgeschichten aus der Bibel ein, und sie wollte ein Bibelwort als Bildunterschrift wählen. Aber bei jedem, das sie auswählte, sträubte sich etwas in ihr. Sie musste eines nach dem anderen verwerfen. Ihre Seele weigerte sich einfach, das unwidersprochen hinzunehmen. Sie wurde furchtbar unsicher und fühlte sich geradezu in das Feld des Zweifelns getrieben.

Der gute Hirte als Gemeindeschreck

Um den Widerstand zu verstehen, bat ich sie, erst einmal einen Text zur Melodie des Hirtenbuben zu schreiben. Heraus kam ein provokantes Lied, mit dem ihr Hirte seine eher ängstlichen Gemeindeschafe aufforderte, dieses abgegraste Land endlich zu verlassen und sich auf die Suche nach neuen Weiden zu begeben, »denn wer nicht aufbricht, wird vom Wolf gefressen«. Das war nun das komplette Gegenteil der dargestellten Idylle, und sie erschrak selbst darüber, was sie da geschrieben hatte. Einem anderen Teilnehmer fiel auf, dass die Panflöte ja Pan gehört, dem kleinen bocksbeinigen Götterunhold, der gerne harmlose Leute erschreckt. Dieser Pan war insofern der gute Hirte für sie, weil er ihr riet, in seelischen Fragen »bockiger« zu werden, um nicht von den »Wölfen« des inneren Widerspruchs gefressen zu werden, die eine freundlich-passive Kirchenseele so gerne verschlingen. Hier aber wurde sie wachgerüttelt, aus ihrem allzu harmlosen, konfliktscheuen Schafstrott gerissen und auf ihre innersten Bedürfnisse aufmerksam gemacht. Selbstkritisch erkannte diese Frau, dass sie mutiger zu ihren eigenen Wahrnehmungen in der Gemeinde stehen musste. Sie erkannte ihr Problem wieder in dem Spruch Albert Einsteins: »Um ein tadelloses Mitglied einer Schafsherde zu sein, muss man vor allem ein Schaf sein.« Ihr jugendlicher Hirte war, wie sie sagte, »das krasse Gegenteil von unserem Herrn Pfarrer« und lud sie zu mehr Wachsamkeit, Eigensinn, Widerspruchsgeist, Profilierung und Selbstständigkeit gegenüber religiösem Obrigkeitsgehabe ein. Eine Haltung, die sie durchaus mit dem biblischen Jesus verbinden konnte. Ihre Bildunterschrift hieß am Ende: *Jesus braucht Nachfolger, keine Nachtrotter!*

Gottessuche als Widerstand und Ergebung

Beiden Teilnehmern hatte das gleiche Grundmotiv geholfen, ihre potenziellen Möglichkeiten aus ihrer relativen Unbewusstheit heraus ans Licht zu bringen. Für den kirchenfernen Mann war damit eine erste vorsichtige Wiederannährung an Kirche verbunden, während die kirchentreue Teilnehmerin über den eigenen kreativen Zweifel zu einer kritischeren Einstellung fand. Beide bewegten sich aber in der gleichen Treue zu sich selbst vorwärts und kennzeichnen so die beiden großen Pole jeder echten Gottessuche: Widerstand und Ergebung. Irgendwo dazwischen liegt der mystische Kern unserer Seele, die dadurch wächst, dass sie sich an beiden Polen reiben kann.

Nun aber zu dem seltsamen kleinen Text von Dschelaleddin Rumi, dem großen Sufi-Mystiker, den ich an den Anfang dieses Kapitels gestellt habe. Er scheint mir eine Art »Stenogramm« dessen zu sein, was ich mit den beiden Schafsgeschichten illustrieren wollte. Hier noch einmal sein Wortlaut:

Dies Blöken hört am Ende auf. Der Wolf erscheint.
In verschiedene Richtungen laufen wir davon,
stets mit dem unterschwelligen Gedanken,
was für ein Glück wir haben.

Dies Blöken hört am Ende auf

Es gibt keinen für alle passenden Weg mehr, den wir in der Kirche entlangtrotten können. Wir können nicht mehr alle das Gleiche blöken. Wir wissen, dass die biblischen Bilder und Geschichten nach wie vor großartige, heilsame Seelenkräfte wecken können, man sie heutigen Menschen aber nicht mehr einfach allgemein überstülpen kann. Weil wir sie als Masse behandeln, kommen sich viel zu viele Menschen zu Recht wie blöde Schafe vor, die nicht selbst denken und suchen dürfen, sondern glauben und fressen müssen, was man ihnen vorsetzt. Das traurige oder wütende Blöken hört aber auf, sobald eine Seele ihre eigene innere Landschaft erforschen und die Geschichte ihrer eigenen Gottessuche erzählen darf.

Jesus erzählt davon in seinem Gleichnis vom verlorenen Schaf, das eigentlich die Geschichte eines neuen Typs von Seelenhirten ist: Er hält seine Schafe nicht mehr in den engen Gattern religiöser Gesetze, Dogmen und Riten, sondern lässt sie bei ihrer Gottessuche frei das unbestimmbar weite Hinterland der unbewussten Psyche für sich erkunden. Das macht die Sache existenzieller, aber auch riskanter. Es erfordert einen überaus aufmerksamen Hirten, der sofort eingreifen kann, wenn eines seiner ihm lieben, kostbaren Schafe sich damit schwertut; wenn es nicht weiß, wie es manches für sich deuten soll; wenn es sich irgendwo geistig verheddert und hängen bleibt oder gar im Unbewussten verirrt. Jesus weiß das und definiert darum einen guten Seelenhirten als achtsamen, einsatzbereiten Mystagogen, der sich im Gebiet des unbewussten GEISTES gut auskennt und sich individuell auf eine einzigartige Seele, auf ihre einmalige spirituelle Situation einlassen kann.

Der Wolf erscheint

Wenn der Wolf erscheint, fühlen wir uns immer allein und ausgeliefert. Weil wir heute primär kein kollektives, sondern ein sich individualisierendes Bewusstsein haben, fehlt uns die zuverlässige, selbstverständliche Geborgenheit im Kollektiv (und damit das Vertrauen in die Heilsgewissheit durch die Mittlerin Kirche). Der Wolf entzweit und entfremdet uns von uns selbst und jagt uns in die Vereinsamung.

Er begegnet uns auf dreifache Weise: Zum ersten bedroht er uns von außen in Form von unpassenden politischen, gesellschaftlichen oder kirchlichen Strukturen, wirtschaftlichen Zwängen, zerstörerischen Kriegen oder zwischenmenschlichen Verletzungen. Der zweite Wolfsaspekt lauert in unserem eigenen Inneren: Wir selbst sind auch der Wolf, denn hier geht es um unsere Egozentrik, unsere Schattenanteile, unsere eigene dunkle Seite. Erinnern Sie sich, dass Franz von Assisi der Legende nach mutig zu einem gefürchteten Wolf ging, der im Wald von Gubbio sein Unwesen trieb? Der Heilige hielt dem Untier seine Untaten vor, ohne sie zu beschönigen, schloss Frieden mit ihm und versprach, dass die Menschen für den Rest seines Lebens gut für ihn sorgen würden. Als Mystiker gehen Sie wie Franziskus in den finsteren Wald Ihres Unbewussten. Dort schauen Sie Ihrem unheilvollen, ausgehungerten Wolfs-Ich in die Augen: Es kann gezähmt werden durch Liebe, viel Geduld und permanente Aufrichtigkeit bei der Auseinandersetzung mit dem eigenen Schatten. Das ist eine anspruchsvolle psychologische Aufgabe, die uns ein Leben lang beschäftigen wird.

Der dritte Aspekt des Wolfes ist die größte Herausforderung für uns – kein echter Mystiker, der sie nicht erlebt hätte. Es ist die dunkle Seite Gottes, die furchtbare Doppelnatur des Lebendigen, die sich in der Wucht einer unmittelbaren religiösen Erfahrung offenbaren kann. Davor versucht die Kirche ihre Schafe zu schützen, indem sie ihre Schutzbefohlenen Gott mittelbar und nur gütig erleben lässt in ihren Ritualen und Sakramenten. Der Mystiker dagegen, der auf diesen kollektiven Schutzzaun verzichtet, erlebt das Heilige unmittelbar, aber eben nicht nur als strahlendes *Faszinosum*, sondern auch als befremdliches *Tremendum*, mit Furcht und Zittern. Die Furcht Gottes gehört zur mystischen Erfahrung, sie wird nicht ausgeklammert. Das ist der Mut, der zur Mystik gehört: sich um der Wahrheit willen der Vollständigkeit des Lebens, welches immer helle und dunkle Aspekte enthält, zuzuwenden. Der Schweizer Mystiker Nikolaus von Flüe zum Beispiel musste in einer Vision ein erschreckendes Gottesantlitz schauen. Dazu gehört auch die Erfahrung des *deus absconditus*, die scheinbare Abgewandtheit oder Abwesenheit Gottes, unter der nicht wenige Mystiker jahrelang leiden mussten. Der böse, dunkle Wolf ist das uralte Symbol für eine Aufgabe, die sich spirituellen Menschen von heute stellt: Es geht um eine tiefere Realisation des Gegensatzproblems in uns selbst, die Auseinandersetzung mit unseren Polaritäten, die in eine Erfahrung der Non-Dualität jenseits aller Gegensätze münden und letztlich eine radikalere Gotteserfahrung und erneuerte Ehrfurcht von dem Heiligen herbeiführen kann.

So könnte es ausgerechnet die Konfrontation mit dem Wolf sein, die Sie in eine neue Richtung treibt und Ihrer mystischen Suche nach Gott vielleicht das verleiht, was ihr im kirchlich-kollektiven Herdenbetrieb fehlte: seelischen Wagemut und ein hoffnungsstarkes Gespür dafür, wohin Ihre Seele sich entwickeln kann.

In verschiedene Richtungen laufen wir fort ...

Auf dem Pfad der Mystik kann man darum jeden ermutigen, seiner eigenen Richtung zu vertrauen. Heute wissen wir dank der religionswissenschaftlichen Analyse unzähliger Mystikertexte, wie individuell der Weg zu Gott verläuft, auch wenn dabei von vielen Menschen ähnliche Erfahrungen gemacht und vergleichbare Bewusstseinsstufen durchlaufen werden. Mystische Spiritualität lebt von der Gewissheit, dass Gott in allen Richtungen gesucht werden kann, weil er uns aus allen Richtungen entgegenkommt. Jesus hat das immer wieder demonstriert in seinen unkonventionellen Begegnungen mit Menschen, die nicht der gewünschten religiös-kollektiven Normvorstellung seiner Zeit entsprachen. In unseren beiden großen Kirchen ist diese Haltung Jesu leider oft noch immer nur ein »unterschwelliger Gedanke«, dessen großes Glück wir noch gar nicht wirklich begriffen haben. Ich bin der festen Überzeugung, dass wir in all unserer Vielfalt und Einzigartigkeit, Unfertigkeit und Lernfähigkeit, ja sogar Zerstreutheit und Einsamkeit die Größe und Großartigkeit der wirklichen »Herde« Jesu besser widerspiegeln können, als es das herkömmliche Gemeindebild der braven Schäflein und geschlossenen Herde vermittelt.

Mit allen Sinnen über den Bach springen!

Ich möchte noch einmal Rumi zu Wort kommen lassen, der an anderer Stelle Mut machen will zu diesem großen inneren Paradigmenwechsel. Wieder spricht er von einer Schafherde. Diesmal meint er damit unsere verschiedenen »Sinne« und unser untrügliches Gesamtgespür für lebendige Spiritualität und Gott. Rumi setzt darauf, dass schon ein Schaf, also ein Sinn genügt, um die mystische Befreiung anzustoßen und den Weg zurück zu den grünen Weiden göttlicher Realität zu finden: »Wenn ein Sinn Fortschritte bei der Lösung seiner Fesseln macht, werden dadurch alle Sinne verändert. Wenn ein Sinn übersinnliche Dinge wahrnimmt, wird das, was aus der unsichtbaren Welt kommt, allen Sinnen offenbar. Wenn ein Schaf aus der Herde über den Bach gesprungen ist, springen alle anderen hinterher.

Treibe dein Schaf, deine Sinne, zur Weide; lasse sie an Gott, der die Weide hervorbringt, grasen, damit sie ihren Weg zu den grünen Wiesen der Wirklichkeit finden; damit jeder deiner Sinne ein Apostel für die anderen Sinne wird und sie alle ins Paradies führt.«

All das bedeutet: Das lebendige, mystische Christentum wird sehr persönlich in der individuellen Seele wiedergeboren, für sie gedeutet und durch sie weitergegeben. Es wird aber nicht selbstverliebt sein, sondern seinen heutigen Aposteldienst ernst nehmen. Darum können wir aufhören, in der verallgemeinernden Sprache einer Massenbewegung zu sprechen. Wir dürfen uns zur religiösen »Kategorie des Einzelnen« bekennen, die als Phänomen der Moderne seit der Aufklärung existiert. Sie ist, wie Søren Kierkegaard erkannte, der neuzeitliche »Engpass« auf dem Weg zum spirituellen Erwachsenwerden. Der Religionsphilosoph Romano Guardini hat das auf katholischer Seite vor 70 Jahren bestätigt: »In der Regel steht der Christ allein.« Aber wäre er damit auch schon ein verlorenes Schaf, wie konservative Christen beider Lager sofort schlussfolgern würden? Keineswegs!

Die protestantische Begabung für Mystik

Aus der Sicht des erfahrenen, seelenkundigen Tiefenpsychologen C. G. Jung tut sich eine ganz andere Möglichkeit auf. Ausgerechnet der protestantische Weg kann mitten hinein in die Mystik führen: »Der Protestant ist Gott allein anheim gegeben ... Der Protestant hat die einzigartige Chance, sich die Sünde bis zu einem Grade bewusst zu machen, der für die katholische Mentalität kaum erreichbar ist, da Beichte und Absolution immer bereit sind, allzu viel Spannung auszugleichen. Der Protestant dagegen ist seiner Spannung überlassen, welche fortfahren kann, sein Gewissen zu schärfen. Ganz besonders ein schlechtes Gewissen kann eine Gabe des Himmels sein, eine wahrhafte Gnade, wenn es benutzt wird zu höherer Selbstkritik ... Nur so ist man fähig zu sehen, welche Motive das eigene Handeln beherrschen. (Es) spornt einen sogar an, Dinge zu entdecken, die vorher unbewusst waren, und auf diese Weise kann man die Schwelle des Unbewussten überschreiten ... Wenn ein Protestant den vollständigen Verlust seiner Kirche überlebt und doch noch Protestant bleibt, das heißt ein Mensch, der Gott gegenüber schutzlos ist und nicht mehr geschirmt durch Mauern oder durch Gemeinschaften, so hat er die einzigartige geistige Möglichkeit der unmittelbaren religiösen Erfahrung.«

Ich würde C. G. Jung gerne noch um einen Gedanken ergänzen: Zur Mystik begabte »Protestanten«, wie er sie beschreibt, finden sich heute reihenweise selbstverständlich auch unter kritisch-wachen, leidenschaftlich engagierten Katholiken oder Ex-Christen, die in und außerhalb der Kirchen für mehr Freiheit kämpfen. Sie können und wollen ihre eigenen Erfahrungen mit Gott, ihre eigenen Vorstellungen von Gemeinschaft, ihren eigenen Verstand nicht mehr an der Kirchentür ablegen. Für sie soll genau wie für unzählige Protestanten Kirche nicht länger der Ort sein, an dem die dogmatisch-richtigen Antworten gegeben werden, sondern endlich der Ort, an dem alle ihre existenziell wichtigen Fragen stellen können. Und gemeinsam träumen viele unter ihnen von einer Kirche, in der ihre unmittelbaren religiösen Erfahrungen Raum haben.

Erzählen, was für uns zählt

Mystiker erzählen immer von ihren eigenen spirituellen Erfahrungen. So bilden sie eine unerschütterliche Gemeinschaft über die Jahrhunderte. In diese Gemeinschaft kann jeder eintreten, der sorgfältig das authentische Material seiner Gottessuche zusammenträgt und mitzuteilen wagt. Davon gibt es heute so viele! Sie alle sehnen sich nach neuen Formen, in denen reifer werdende Individuen miteinander Gemeinschaft durch Versenkungsübungen gestalten können und so füreinander zu Hirten

im seelischen Feld werden. Ich träume davon, dass Kirche sich wieder-
entdeckt als eine offene, undogmatische Erzählgemeinschaft von Suchenden und Erfahrenen. In dieser Kirche finden sich diejenigen ein,
die wissen, dass sich die Suche lohnt, aber bei jedem anders abläuft: Es
gibt die »kostbare Perle«, den »Schatz im Acker«, den jeder in sich selbst
finden kann, wie es Jesus in seinen Gleichnissen beschreibt. Wir können
aber auch spüren: Gott ist uns näher, als wir uns selbst sind, wir finden
ihn in unserem Innersten, wie es Meister Eckhart ausdrückte. Oder, wie
es Nikolaus von Kues als Gottes Zuspruch an uns formulierte: »Sei du
dein und ich will dein sein.«

Durch das Erzählen unserer leibhaftigen, unterschiedlichen Suchbe-
wegungen nach innen und das behutsame Ausloten unserer unterschiedlichsten innerseelischen Erfahrungen und Gottesbegegnungen entsteht vor
unseren Augen ein weiter Raum der unzähligen Möglichkeiten Gottes,
uns nahe zu kommen. In diesem lebendigen Raum wird es uns leichter
möglich sein, uns gegenseitig zu erzählen, was für uns wirklich zählt
im Leben. Wo Kirche dieser Raum ist, da begegnet sie den Menschen
nährend und als »gute Hirtin«.

Übungen zur Vertiefung

Auf das Ganze schauen

Das alttestamentliche Wort für »Hirte« wird in der hebräischen Sprache
genauso ausgesprochen wie das Wort für »Sehen« (lediglich ein Zeichen
wird anders geschrieben). Der Hirte schaut nach seiner Herde, er hat in
wacher Aufmerksamkeit ständig das Ganze und dessen Wohlergehen im
Blick. Dadurch dringt er tiefer in die Wahrnehmung der Realität ein als
das übliche oberflächliche »Sehen«. Bauen Sie Ihre eigene Hirtenkom-
petenz bewusst aus, indem Sie sich bei Ihren Deutungen und Urteilen
immer wieder selbstkritisch fragen: Habe ich dabei wirklich das Ganze im Blick? Kann ich andere Perspektiven auf das Ganze einbeziehen?

Dient meine Einschätzung der Dinge wirklich der Gemeinschaft und dem Wohlergehen anderer oder ist sie nur Ausdruck meiner persönlichen Wünsche und Vorlieben? Erfasse ich damit die tiefe Verbundenheit unserer Realität?

Eine Variation zu Psalm 23: Der GEIST ist mein Hirte

Vielleicht erinnern Sie sich beim Lesen dieses von mir neu formulierten Psalms daran, dass Sie selbst diese künftige Kirche, von der oben die Rede war, jederzeit verkörpern können, ob in Ihrer vertrauten Heimatgemeinde oder irgendwo jenseits der Hecken und Zäune, weit draußen unter anderen liebenswerten spirituellen Suchern, die wie Sie zwischen Widerstand und Ergebung ihrer Seele erlauben, ihrem grandiosen Gottesinstinkt in aller Freiheit zu folgen.

Die künftige Kirche als gute Hirtin

Der GEIST ist unser Hirte und wo ihm unsere künftige Kirche ähnelt, wird es nicht mehr an evangelischer Freiheit des Einzelnen und katholischem Einheitsbewusstsein aller mangeln.

Sie gibt nicht mehr eine Richtung vor, der alle ihre Schäflein zu folgen haben. Sie weiß ja, dass es keine Richtung gibt, aus der uns Gott nicht entgegenkommen kann.

Sie kennt die grüne Aue mystischer Gottesliebe und entsendet von dort ihren erfrischenden Segen in alle Himmelsrichtungen.

Sie erwartet keine Schafsmentalität mehr von uns, sondern überreicht uns Stecken und Stab für unsere persönliche spirituelle Reise.

Auch tröstet sie uns mit Worten der Weisheit, wenn wir bisweilen den Mut verlieren und wie verlorene Schafe blöken.

*Sie nimmt uns dann gütig an die Hand und führt uns ein Stück
auf rechter Straße um der Barmherzigkeit Gottes willen –
solange es unserer Seele gefällt.*

*Und so fürchten wir kein Unglück, auch wenn wir einmal das finstere Tal
der Seelendunkelheit durchschreiten müssen.*

*Sie verteidigt uns gegen die Wölfe unserer gespaltenen Wirklichkeit und
bereitet uns einen Tisch im Angesicht unserer Verstrickungen, gedeckt mit
den Früchten authentischer Gotteserfahrungen.*

*Sie verzichtet auf Privilegien und dogmatische Reglementierungen.
Sie ist lieber die gastfreundliche Hüterin des offenen Raums, der
Gottes empfängliches Herz ist. Kein Schaf wird sich hier mehr verloren
vorkommen.*

*Sie strahlt vor Freude wie der glückliche Christus, wenn sie unser Haupt
segnen und salben kann mit dem Öl seiner überfließenden Gnade.*

*Sie schenkt uns den Becher göttlicher Liebe voll ein, immer und immer
wieder, weil sie nie satt wird, uns daraus trinken zu sehen.*

*Sie entdeckt in jedem von uns Gottes Güte und Barmherzigkeit und wird
nicht müde, unsere Schönheit zu loben ein Leben lang.*

*Angespornt von ihrer Offenheit und Hingabe suchen wir frohen Herzens
unseren Weg zu Gott, unser wahres Zuhause im unendlichen Bewusstsein
immerdar.*

Marion Küstenmacher

6

Der liebliche Platz

Eines Tages trat ich in den Hof, setzte mich an den Weiher und nahm diesen lieblichen Ort wahr. Er gefiel mir wegen der Klarheit des vorüberfließenden Wassers, dem Grünen der umstehenden Bäume, der Freiheit der umherfliegenden Vögel, besonders der Tauben. Vor allem aber gefiel mir die heimliche Ruhe meines verborgenen Sitzplatzes.

▬▬▬ Gertrud die Große von Helfta

In meinen Seminaren für spirituelle Sucher biete ich eine Übung besonders gerne an. Dafür lege ich zahlreiche Postkarten aus mit Motiven aus drei Kategorien. Die erste umfasst Bilder der christlichen Kunst wie Gottvater, Jesusbilder, Madonnen, Engel, Apostel und Heilige sowie die unterschiedlichsten biblischen Szenen und Kreuzesdarstellungen. Kategorie zwei enthält abstrakte Bilder großer Maler der Moderne wie Kandinsky, Delaunay, Klee, Mondrian oder Rothko. Die dritte Kategorie umfasst Naturmotive. Es gibt Bäume, Wasser, Steine, Wolken, Sand, Blumen, Berge – alles Mögliche von Schmetterlingen bis hin zu Sternennebeln und Galaxien.

Die Aufgabe lautet, sich aus allen diesen Karten ein Motiv herauszusuchen, in dem für einen selbst das Heilige und Göttliche durchscheint. Nun kommt das Bemerkenswerte: *Kein Einziger* griff in all den Jahren jemals zu einem der christlichen Motive. Einige wenige entschieden sich für abstrakte Bilder und die überwältigende Mehrzahl griff zu den Naturmotiven. In der anschließenden Arbeit mit den Bildern förderten viele ein erstaunliches und instinktsicheres Wissen über die Natur als »offenes

Versteck« Gottes zutage und fanden dafür Worte, die nicht selten den heißen Pulsschlag von Schöpfungshymnen hatten oder ruhig wie Wolken über dem stillen Wasser ihrer Seele schwebten.

Je öfter ich diesen Prozess wiederholte, desto klarer wurde mir, dass da etwas Elementares passierte. Alle lasen im »Buch der Natur« wie in ihrer eigenen Seele. Sicher mit unterschiedlicher Kraft und Dichte, Bewusstheit und Leidenschaft, aber eben doch mit einer erstaunlichen inneren Kompetenz. Selbst ein kleines Naturmotiv im Postkartenformat genügte ihnen, einen Weg nach innen hin zu ihrem spirituellen Potenzial zu finden.

Natur als göttliches Lockmittel

Folgen wir diesem Prinzip der Verlockung. Welche Elemente der Natur ziehen Sie an? Baum und Berg, Meer und Himmel, Sonnenlicht und Sternennacht eröffnen sehr leicht eine Spiegelmeditation mit der Natur, sie sind auch die Meditationsklassiker in der Mystik. Der Mikrokosmos ist ebenso eine Spur zu Gott wie der Makrokosmos, und Ihre Seele wird beide Welten ausloten lernen, sobald Sie ihr erlauben, sich in etwas Natürliches zu versenken. Jakob Böhme schlägt als Startpunkt eine blühende Wiese vor: »Du wirst kein Buch finden, in dem du mehr göttliche Weisheit finden und erforschen kannst, als wenn du auf eine blühende Wiese gehst. Da wirst du die wundersame Kraft Gottes riechen und schmecken, obwohl es nur ein Gleichnis ist; die göttliche Kraft ist zur Materie geworden und Gott hat sich im Gleichnis offenbart. Aber für den Suchenden ist es ein lieber Lehrmeister.«

Bernardino de Laredo legt sich und andere da nicht so fest: »Alles, wie unbedeutend es auch sein mag«, sagt er, »lädt uns ein, Gott näherzukommen. Dabei ist es hilfreich, sich der eigenen Erkenntnisgrenzen bewusst zu sein und Gott in den Geschöpfen zu suchen, beginnend bei den Geringsten. Auch eine Linse oder ein winziges Kraut führt dir deinen Schöpfer vor Augen.«

Folgen Sie einfach Ihrer Intuition und werden Sie offen für alles, was Ihnen über den Weg läuft. Für Angelus Silesius ist es ein Frosch, der ihm die vollkommene Schönheit in Gottes Welt bewusst macht. Teresa von Ávila nutzt Zwergpalmen, Bienen, Schmetterlinge, Eidechsen, Igel und Schildkröten, um spirituelle Prozesse zu erklären. Der liebenswürdige Seelsorger Franz von Sales beschaut Eulenaugen, Mücken und Maikäfer. Der zartbesaitete Heinrich Seuse meditiert Flaumfedern wie Johannes Cassian. Dschelaleddin Rumi, König der Poeten unter den persischen Mystikern, versenkt sich in Mottenflügel, Milch, Elefanten, Pistazienkerne oder einen Baumwollbausch. Die sensible Mechthild von Hackeborn wagt den Blick in eine finstere Schlucht. Johannes Tauler gewinnt mystische Einsichten aus Pferdemist. Meister Eckhart widmet sich in seinen Betrachtungen Kühen, Grashalmen, Ziegen und dem Blitzschlag. Der evangelische Mystiker Gerhard Tersteegen lernt von Maulwürfen und Sonnenblumen. Die Liste ist endlos.

Von der Naturbetrachtung zur Gottesbegegnung

Miguel de Molinos verspricht, dass Naturmeditation uns unterstützt, wenn es darum geht, unser inneres Mysterium aufzuspüren. Er erklärt weiter, dass die Natur uns eine wichtige Grundbewegung lehrt, nämlich leer vor Gott zu werden. Wir können durch die Natur diese Bewegung hin zur »Armut des eigenen GEISTES«, also unseres Oberflächenbewusstseins, nachvollziehen und uns öffnen für Gottes Zeichen, Bilder und Gaben, die erst mithilfe unseres Tiefenbewusstseins für uns sichtbar werden. Kurz: Die großen Mystiker sind sich, wie Ralph Waldo Emerson es formuliert, in einem einig: »Alles zielt darauf ab, die Seele ihren Weg durch uns nehmen zu lassen.« Aus der jüdischen Mystik fügt Rabbi Pinchas von Koretz hinzu: »Der Mensch soll in Gott hineingehen, dass Gott ihn umgebe und sein Ort werde.« Aber wie genau macht man das? Und wie kann die Natur uns dabei unterstützen?

Der liebliche Platz am Weiher

Um Ihnen an einem Beispiel zu demonstrieren, wie eine Mystikerin das ebenso intuitiv wie praktisch umsetzt, habe ich einen Text der Zisterzienserin Gertrud der Großen aus dem Kloster von Helfta ausgesucht. Gertrud lebte von 1256 bis 1303. Ihr Hauptwerk »Gesandter der göttlichen Liebe« kreist um die Frage, wie die Gottesliebe geweckt werden kann, die zur *unio mystica*, zur mystischen Vereinigung führt. Das ist auch Thema ihrer Gedanken zu einem lieblichen Platz an einem Weiher. Damit will ich Ihnen die sechs Grundschritte mystischer Naturversenkung zeigen und natürlich auch zur Nachahmung empfehlen.

Schritt 1 – Natur wahrnehmen

Spazieren wir einfach mit Gertrud hinaus ins Freie:

Eines Tages trat ich in den Hof, setzte mich an den Weiher und nahm diesen lieblichen Ort wahr. Er gefiel mir wegen der Klarheit des vorüberfließenden Wassers, dem Grünen der umstehenden Bäume, der Freiheit der umherfliegenden Vögel, besonders der Tauben. Vor allem aber gefiel mir die heimliche Ruhe meines verborgenen Sitzplatzes.

Das fängt also ganz normal an. Der Blick schwenkt wie eine Kamera über eine idyllische Szene, die zum Verweilen und Durchatmen einlädt. Gertrud hat sich einen guten Ort ausgesucht, um allein sein zu können in angenehmer Umgebung. Man kann dort die Tiere beobachten, sich an den grünen Bäumen freuen, ein wenig träumen oder seinen Gedanken nachhängen und dann nach einer Weile erfrischt zu seinen Aufgaben zurückkehren. Es hätte wohl jedem gut getan, dieses beschauliche und einsame Plätzchen einfach zu genießen – und dennoch wäre man mit dieser Haltung weitgehend im vertrauten Modus des Alltagsbewusstseins geblieben. Aber Gertrud ist ja eine Mystikerin. Sie sagt nicht: Da sehe ich aber etwas Schönes. Prima Erholung hier an der frischen Luft. Sie fragt: Was bedeuten eigentlich meine angenehmen Empfindungen, die diese Naturszenerie in mir auslöst, für mich in der Tiefe meiner Seele?

Schritt 2 – Introspektion üben

Sie sehen jetzt, wie sie sich, inspiriert von diesem Ort, ihrem Inneren zuwendet und gleich in die Tiefe vordringt. Sie erforscht weiterhin die Natur, nun aber die ihres *eigenen* Bewusstseins. Ab jetzt geht es »um die Synthese von äußerem Sehen und innerem Schauen«, wie es der Maler Paul Klee in seinem berühmten Aufsatz »Wege des Naturstudiums« ausdrückte. Genauso bahnt Gertrud sich den Weg ins subtile Reich ihrer persönlichen und emotionalen Glaubensbilder. Sie macht das so:

Ich begann in der Seele zu bewegen, was ich all dem gerne hinzufügen würde, um den Genuss an diesem Platz noch vollkommener zu machen. Da spürte ich meine Sehnsucht danach, dass Du, mein vertrauter, liebender, schmiegsamer und geselliger FREUND, *hier bei mir gegenwärtig sein und meine Einsamkeit lindern solltest.*

Gerade noch hat sie ihr einsames Plätzchen im Freien genossen – nun spürt sie eine Sehnsucht, Zeichen für ein inneres emotionales Vakuum. Gertrud entdeckt von innen her, dass sie weit mehr Raum in sich hat, als die schöne Naturszenerie in ihr ausfüllen kann. Diese unbesetzte Stelle, dieser leere Mehr-Raum erzeugt Einsamkeit. Aber sie bemitleidet sich nicht dafür, sondern vertraut dieses Vakuum Gott an. Gertrud hat ein sehr positives Gottesbild. Sie geht davon aus, dass die Liebe, hier personifiziert als der geliebte FREUND, wie sie Gott liebevoll nennt, ihre Einsamkeit lindert. Sie verwandelt ihr seelisches Vakuum in einen für Gott offenen Beziehungsraum.

Einsamkeit ist ein Gefühl, das viele in der Natur entweder suchen oder empfinden. Aber es ist ein an das Ich gebundenes Gefühl und insofern egozentrisch. Würde Gertrud jetzt bei ihren persönlichen Gefühlen stehen bleiben, wäre sie eine klassische empfindsame Seele, eine fromme Naturromantikerin oder eben einfach eine schwärmerische Einzelgängerin. Das ist aber nicht der mystische Weg. Ein Mystiker ist gerade nicht einsam, wenn er alleine ist, sondern erlebt sich als ein für alles aufnahmefähiger »Beziehungsort«. Das zeigt ein Zitat von Henry David Thoreau, der als Einsiedler in den Wäldern Neuenglands lebte und dort eine »unendliche, unerklärliche Freundschaft« und gesellige Sympathie zwischen Mensch und Natur spürte: »Warum sollte ich mich einsam fühlen? Ist unser Planet nicht in der Milchstraße? ... Ich bin nicht einsamer als ein einzelnes Wollkräutchen oder eine Löwenzahnblüte auf der Weide, als eine Bremse oder eine bescheidene Biene. Ich bin nicht einsamer als der Wetterhahn, der Polarstern, der Südwind, ein Aprilschauer, Januartauwetter oder die erste Spinne in einem neuen Haus.« Das ist Beziehungsreichtum pur. Genau diese Richtung schlägt auch Gertrud ein. Das Gefühl war nur ein erster Pfadfinder nach innen. Jetzt lässt sie es los. So schafft sie den Sprung hin zur dritten Ebene in ein Bild großer Gottesnähe.

Schritt 3 – Die Führung des Geistes erfassen und zulassen

Gertrud weiß, dass die Naturbetrachtung nur die Ouvertüre war für die eigentliche Meditation. Sie lässt das Naturbild und ihre vielerlei Empfindungen los und wechselt konsequenterweise von der Betrachtung der äußeren Wirklichkeit hinüber in die Versenkung ins eigene innere Bewusstsein. Das steuernde Ich, das wir im normalen Wachbewusstsein haben, tritt an dieser Stelle der Meditation immer mehr zurück. Sie sagt wörtlich:

Du, mein Gott, hast nicht nur den Anfang meiner Meditation hier draußen möglich gemacht und gelenkt, sondern von jetzt an hast du auch ihr Ende ganz auf dich hingezogen.

Inspiriert von den äußeren Bewegungen des Wassers, der Bäume und Tauben entdeckt Gertrud die vielschichtigen Bewegungsmöglichkeiten des Geistes in ihrem eigenen Bewusstsein. Sie erfasst Gott als lockend-liebevollen Prozess und unendlichen Attraktor. Weil sie Gott als Anfang und Ende aller Bewusstseinserfahrungen erkennt, entsteht eine Art Unendlichkeitsschleife in ihrem Bewusstsein.

Wir sehen, dass Gertrud damit auch eine kluge Unterscheidung vornimmt zwischen Natur und Gott. Der GEIST Gottes bringt die gesamte Natur hervor. Das heißt aber nicht, der gesamte GEIST Gottes ginge in der Natur auf. Natur und Gott gleichzusetzen wäre Pantheismus. Dann wäre Gott buchstäblich identisch mit dem Baum, dem Weiher, dem Vogel. Gertrud dagegen erkennt Gott durch die Natur hindurch. Der theologische Begriff dafür ist Pan-en-theismus. Das GÖTTLICHE wirkt in der Natur als dynamische schöpferische Urkraft in allen Lebensprozessen des Kosmos. Gertrud spricht an anderer Stelle vom »Balsam der GOTTHEIT, allseits Bäche der Liebe ausströmend, grünend und blühend in Ewigkeit, aber am Ende der Zeiten überallhin ausgegossen!« Gertruds nächster Schritt geht genau in diese göttliche Richtung lebendigen Fließens und Strömens.

Schritt 4 – Tiefen-Resonanz zeigen

Wenn ich in nie versiegender Dankbarkeit in dich zurückfließe wie das Wasser ...

Gertrud, die zu Beginn noch ihre Einsamkeit thematisierte, spricht jetzt von grenzenloser Dankbarkeit und äußert den Wunsch, das *Einströmen* Gottes in ihr Inneres zu erwidern, indem sie sich nun anderen Menschen zuwendet, so, wie Gott sich ihr gerade zugewandt hat. Mystiker sind nicht von anderen getrennt, sondern mit ihnen zutiefst verbunden. Gertrud kommt damit wieder in Kontakt. Sie erlebt ihr Ich-Sein in Gott gleichzeitig als ein anschwellendes In-Beziehung-mit-anderen-Sein. Das ist Tiefenresonanz, die die engen Grenzen des Ich-Bewusstseins weitet. Das können wir alle üben. Die Tiefe in unserer Seele will sich nicht nur in die Tiefe Gottes, sondern auch in die Tiefe von anderen hinunter tasten und dort in Resonanz gehen. Mystiker sagen: Meine Tiefe ruft nach deiner Tiefe, deine Tiefe antwortet auf meine Tiefe. Denn unsere innere Tiefe ist Gottes Tiefe. Mystiker gehen also nach innen und gleichzeitig immer mehr über sich hinaus.

Schritt 5 – Verbundenheit praktizieren

Echte innere Transformation findet zur Resonanz mit dem Außen, dem anderen. Nicht nur der Mensch, sondern auch alle anderen Wesen, die gesamte Natur, das ganze Universum ist zutiefst partizipatorisch. Es besteht aus lauter kommunizierenden und füreinander offenen Einzelsystemen und Subjekten, ob Pflanze, Tier, Stern oder Mensch. Durch unendlich viele wechselseitige Beziehungen werden immer reichere Möglichkeiten erschlossen. Sie fügen sich zu einer Gesamtheit, die ihre Komplexität steigert. Es ist darum auch fast egal, was der Mystiker in der Natur meditiert, es bringt ihn immer in Beziehung: zu sich selbst, zu Gott und zu anderen.

Gertrud sagt noch etwas. Sie will nicht nur in Beziehung sein, sondern auch (wörtlich) »im Grün der guten Werke blühen gleich den Bäumen«. Hier will die grüne Kraft Gottes in uns aktiv werden. Gertrud motiviert sie zur Nächstenliebe, zu guten Werken, zum Dienst an anderen.

Wo Menschen sich gegenseitig Zuneigung, Freundschaft oder Mitgefühl schenken, ist »Geist in Aktion« am Werk. Gertrud hat keine Zweifel, dass sie nun, geistbewegt, ihre inneren Ressourcen voll ausschöpfen kann. Sie entwickelt Vertrauen in das Eigene bei größtmöglicher Offenheit für das Ganze.

Sie sehen, je tiefer Gertrud sich in Gott verankert, desto weiter wird ihre äußere Perspektive und desto größer wird ihr aktiver Gestaltungsraum als Christin. Aber auch damit ist bei Gertrud noch nicht Schluss, denn in allem, was sie sagt, ist ja noch Wollen, Sehnen, Hoffen und Gestalten. Es geht noch tiefer. Jetzt erreicht Gertrud den entscheidenden Drehpunkt:

Schritt 6 – Das Ich in Gnade loslassen

Sie sagt wörtlich:

Wenn ich von oben das Irdische überschauend dem Himmlischen in freiem Fluge zustrebe wie die Taube und mit diesen körperlichen Sinnen dem Getümmel der äußeren Dinge entfremdet, mit dem ganzen Geiste dir obliege – dann wird mein Herz dir eine Stätte geben, die köstlicher ist als alle Lieblichkeit.

Das klingt kompliziert, meint aber Folgendes: Gertrud will durch hingebungsvolle Versenkung ihr Bewusstsein in einen Ort der reinen Gottesgegenwart verwandeln. Dafür will sie sich von Gott tragen lassen wie eine »Taube in freiem Flug«. Dafür ist sie bereit, ihre »körperlichen Sinne«, ihre Wahrnehmung komplett frei zu machen vom »Getümmel der äußeren Dinge«. Ihr Konzept besagt, dass sie ab hier allein im Inneren, im Raum des GEISTES, zu Gott hin unterwegs sein will. Dazu muss sie »sich in Gott zurückgießen« wie das Wasser, das sie hier am Weiher meditiert hat.

Das bedeutet, dass sie während der Versenkung die gewohnte Ich-Identifikation loslässt, mitsamt allen Bildern, Gefühlen, Wünschen und Vorstellungen. So überwindet sie die üblicherweise vom Ich aufrechterhaltene Trennung zwischen Ich und Gott, bis in ihrem Bewusstsein nur noch Gott übrig und alles in allem ist.

Mystiker beschreiben das als non-duale Erfahrung, völlige Selbsthingabe und Selbstvergessenheit in Gott, Vereinigung in unbegrenzter Liebe und absoluter, universaler Klarheit. Gertrud kann das natürlich nicht selbst erzeugen, aber es doch mit der Kraft ihrer »leergeräumten« Seele als maximalen Möglichkeitspunkt erfassen.

Maximierung der Wirklichkeit

Teilhard de Chardin hat diesen Maximierungsvorgang von außen nach innen so erklärt: »Die leidenschaftliche Sehnsucht nach der Vereinigung mit Gott zwingt den Mystiker, den Dingen ihr Maximum an Wirklichkeit zu geben.« Mystiker experimentieren in der Natur damit, dass Gott durch, in, und hinter allen Dingen als Maximum erfahrbar ist. Mystiker haben ein besonderes Gespür für dieses Maximum und weigern sich einfach, hinter ihren eigenen und den Möglichkeiten Gottes zurückzubleiben. Sie trauen Gott jede Verwandlung ihrer Seele zu und verwandeln dabei durch ihre bloße Gegenwart jeden beliebigen Ort, an dem sie sich aufhalten, in einen Gottesort. Gott kann jederzeit und überall »passieren«, und die Natur ist der Ort, wo Mystiker ihr ursprüngliches Gefühl für die atemberaubende Nähe, Liebe und Grandiosität Gottes wunderbar auffrischen können – so wie Gertrud an ihrem Weiher.

Die Lichtung des höchsten Lichts

Es dürfte Ihnen aufgefallen sein, dass Gertrud die Große bisher nicht von Christus gesprochen hat, obwohl er für sie als Christin ihr hellster Leitstern und innerer Lehrer war. Gertrud spricht aber an anderer Stelle davon, dass »Christus alles in allem sein wird«, »allseits Bäche der Liebe ausströmend, grünend und blühend in Ewigkeit, überallhin ausgegossene Fülle der göttlichen Liebe!«. Gertrud nannte Christus auch einen »blühenden Frühlingstag voller Leben«, »Blüte aller Blüten«, »des Lebens süßester, würziger Duft« oder »meiner Seele höchstes, heiteres Licht«. Naturmystik ist nicht von Haus aus Christusmystik, sie begegnet uns auch in anderen Religionen. Aber Naturmystik als Christusmystik kann den ganzen Kosmos mit dem Licht Christi durchleuchten.

In Anlehnung an einen Gedanken des amerikanischen Naturmystikers Ralph Waldo Emerson und ein Wort des deutschen Philosophen Martin Heidegger können wir sagen: Ein Mystiker steht still und schweigend in der Natur und bildet eine Lichtung, eine Öffnung, durch die das Licht Christi fällt. Allerdings fällt es nicht aus der Welt in sein Herz hinein, sondern aus seinem Herzen in die Welt hinaus. Das lebendige, liebevolle Licht scheint in unserem Inneren auf und fällt dann durch uns auf alle Dinge. Ein christlicher Mystiker sucht, findet und liebt diese Christuslichtung in sich selbst genauso wie in seinen Mitmenschen, in allen Gestalten und Geschöpfen der Natur. Alles im Kosmos kann sich »lichten«, weil Christus durch alles hindurch scheint.

Das ist die große Lektion der christlichen Naturmystiker: Lassen Sie Ihren GEIST so tief wie möglich in die Schöpfung, ins Weltall vordringen, um sich darin zu üben, auch auf diese Weise zu Christus zu gelangen und ihm ähnlich zu werden. Meditieren Sie einmal die fantastischen Weltraumaufnahmen der Astronomen, die mit ihren Riesenteleskopen tief in den Kosmos vordringen. Vertrauen Sie darauf, dass »GEIST in Aktion«, Gott an jedem Punkt im Universum präsent ist. Der ChristusGEIST in Ihnen, der kosmische Christus führt Sie dorthin! Der Mystiker Teilhard de Chardin schrieb:» Es gibt etwas Einzigartiges, das uns kosmisch trägt. Diese Wirklichkeit wird im Christentum gewahrt und nimmt für uns die ›Physiognomie Christi‹ an (sie zeigt sich christusähnlich).« In dieser Hingabe an den kosmischen Christus werden Sie staunend alle Natur von göttlicher GEISTES-Gegenwart durchdrungen sehen, Ihr eigenes Wesen eingeschlossen. Darum hat die jüdisch-christliche Mystikerin Simone Weil vorgeschlagen, dass wir uns nicht nur als Bürger im Universum fühlen können, sondern dass wir uns mit dem Kosmos selbst identifizieren sollen. Aber nicht mit dem Kosmos als bloße Materie, sondern mit dem KOSMOS als großem Nest des Bewusstseins, gewirkt von lebendigem GEIST überall um uns herum und zugleich mitten in unserem eigenen Inneren.

Übungen zur Vertiefung

Naturmeditation mit Gertrud der Großen

Suchen Sie sich einen »lieblichen Ort« im Freien und probieren Sie dort Gertruds Methode der Naturmeditation für sich aus. Notieren Sie anschließend Ihre Wahrnehmungen, Empfindungen und Erfahrungen so genau wie möglich.

Auf den Spuren des grünen Christus

Lassen Sie sich von den folgenden beiden Texten dazu anregen, den grünen Christus als Ihren Lichtquell zu meditieren.

Schreiben Sie eine Fortsetzung des Textes von Johannes vom Kreuz, indem Sie Ihre eigenen Naturbilder benutzen. Sie können alles, was draußen Ihre Seele entzückt, einfließen lassen. Mit welcher innigen Anrede möchten Sie Ihren grünen Christus ansprechen?

Der zweite Text ist ein Gedicht, das ich selbst an einem warmen Juniabend im Garten geschrieben habe. Vielleicht möchten Sie in eigene Worte fassen oder malen, wie Ihre Seele dem grünen Christus begegnet?

Mein Geliebter ist alles

Mein Geliebter ist alles, die Berge, die bewaldeten einsamen Täler,
die rauschenden Flüsse, das Flüstern der lieblichen Lüfte.
Die friedliche Nacht sowie die aufsteigende Morgenröte,
die schweigende Musik, die klangvolle Einsamkeit,
das Abendmahl, das belebt und Liebe wirkt.

▬▬ Johannes vom Kreuz

Ankunft des grünen Christus

Das Gras zuerst hört meine Liebe wachsen,
du bist in meinem Garten fremd,
so kann ich mir die Zeichen nicht gleich deuten.
Das willst du doch?

Ein Riese, der mit kleinem Schritt
hier alle Wege umgräbt, aufwühlt
und zur Grenze treibt ins Grün,
ins blaue Licht des Abends
und der unsichtbaren Vögel.
Die siehst du doch?

Dein Blick läuft durch den Garten,
durch mein Herz,
durch alle Vogelwelten läuft
hindurch er und zurück
in dieses eine Grün!

Das fügst du mir zu
einem unbeschrieb'nen Blatt zusammen.
Das wendet sich für dich.
Ich nehm's nicht vor den Mund:
All meine leichtsinnigen Rosen
entblättern sich entzückt.

Marion Küstenmacher

Die unheilige Kuh

Manche Leute wollen Gott mit den Augen ansehen, mit denen sie
eine Kuh ansehen, und wollen Gott lieben, wie sie eine Kuh lieben.
Die liebst du wegen der Milch und des Käses und deines eigenen
Nutzens. So halten es alle jene Leute, die Gott um äußeren Reichtums
oder inneren Trostes willen lieben; die aber lieben Gott nicht recht,
sondern sie lieben ihren Eigennutz. Ja, ich sage bei der Wahrheit:
Alles, worauf du dein Streben richtest, was nicht Gott in sich selbst ist,
das kann niemals so gut sein, dass es dir nicht ein Hindernis für die
höchste Wahrheit ist.

▬▬▬ Meister Eckhart

Was Meister Eckhart vor 700 Jahren ebenso präzise wie spöttisch beschrieb, ist auch heute noch überall anzutreffen: die Vorliebe für einen
brauchbaren, nützlichen Gott, der unsere Bedürfnisse stillen und unsere
Wünsche erfüllen soll. Eine nicht weniger beliebte, apersonale Variante
dazu sind die »Bestellungen« ans Universum, das unsere Wünsche »ga-
rantiert« in Erfüllung gehen lässt. Die allermeisten dieser Wünsche sind
materieller Art. Beten heißt doch bitten, denken sich viele Menschen,
und wünschen sich wie Kinder von ihrem Wunscherfüller-Gott all das,
was sie gerade vermissen oder gut brauchen könnten. Hand aufs Herz –
haben Sie nicht auch schon einmal für eine gute Note gebetet, für eine entlastende Diagnose, für schönes Wetter zum Gartenfest, für einen
neuen Partner oder, bescheidener, für einen freien Parkplatz, wenn Sie
von der Zeit her ganz knapp dran waren? Wenn ich meine Seminarteil-

nehmer danach frage, werden sie meistens etwas verlegen. Sie erkennen, dass sie insgeheim noch immer diese magischen Wunschzettelchen wie damals fürs Christkind oder den Weihnachtsmann schreiben. Sie spüren auch die Spannung zwischen den kindlichen Wünschen und dem reiferen Wissen, das sie im Lauf ihrer Entwicklung gewonnen haben.

Die Kuh und der Weihnachtsmann

Irgendwie hoffen wir, dass wir unser Glück in all den »Milch-und-Käse«-Dingen in unserem Leben finden, die uns so nützlich und erstrebenswert und unentbehrlich erscheinen. In gewisser Hinsicht nehmen wir damit an, dass Gott für uns in den Objekten steckt, nach denen wir die ganze Zeit trachten. Als Kinder waren wir Meister darin, unsere seelische Energie in die Welt und in die Dinge strömen zu lassen. Alles wurde wundersam lebendig: ein Tuch, ein Steinchen, ein Blatt, eine Puppe, ein Stock. So haben wir uns als Kinder die Welt erschlossen. Gleichzeitig haben wir dabei aber auch immer mehr seelische Kraft, die Teil unseres schöpferischen Bewusstseins ist, an die Welt abgegeben. Diesem SchöpferGEIST begegnen wir nun spürbar außerhalb unser selbst, und darum suchen wir Gott und uns selbst unbewusst in all den Objekten, die uns gefallen und die wir haben wollen, um uns ganz lebendig fühlen zu können. Goethe hat das einmal sehr gut zusammengefasst: »Das, was eigentlich im Subjekt, also in uns ist, ist nun im Objekt und dort noch etwas mehr.« Aber er fügt noch etwas Zweites hinzu: »Umgekehrt ist auch alles, was im Objekt zu entdecken ist, bereits im Subjekt da und dort noch etwas mehr. Wir sind auf doppelte Weise verloren und geborgen.«

Unsere Aufgabe liegt also darin, das verborgen-offenbare »Mehr« in beidem, in unserem beseelten Inneren genauso wie im lebendigen Außen, aufzudecken und zu befreien, ohne dass wir uns dieses doppelte »Mehr« mit gierigem Griff aneignen. Wenn wir davon nichts wissen, sondern nur draußen bei den Dingen hängen bleiben, bekommen sie Macht über uns. Sie werden überwertig, und wir selbst fühlen uns ohne sie entsprechend minderwertig. Unser Leben erschöpft sich darin, dass wir unentwegt nach Dingen streben, uns um Dinge kümmern oder an Dingen festhalten. Dazu passend stellen wir uns auch einen nützlichen »Nutzkuhgott« vor, der uns all die Dinge verschaffen darf, die wir uns wünschen.

Die neuzeitliche Konsumikone dafür ist der Weihnachtsmann, der mit seinem vollbeladenen Warenschlitten herbeisaust, um unsere Wünsche zu erfüllen. Das ist allerdings das komplette Gegenteil der ursprünglichen Weihnachtsbotschaft. Vergleichen Sie das einmal mit der Weisheit alter Krippen: Hier eilen Frauen und Männer, Alte und Junge, Hirten und Könige zur Krippe, um dem Kind etwas zu schenken. Sie wollen etwas aus ihrem Besitz hergeben können. Sie lösen sich von ihren Dingen, machen sich selbst zum Geschenk und kommen Gott damit nahe. Und wer gar nichts hat als die Sehnsucht nach Gott und mit leeren Händen an der Krippe steht wie der evangelische Dichter Paul Gerhardt, ist erst recht willkommen:

Ich steh' an deiner Krippen hier,
o Jesu, du mein Leben;
ich komme, bring' und schenke dir,
was du mir hast gegeben.
Nimm hin, es ist mein Geist und Sinn,
Herz, Seel' und Mut, nimm alles hin
und lass dir's wohl gefallen.

Beten wie ein Schwamm

Hingebungsvolle Bitten wie die von Paul Gerhardt sind echte Herzenswünsche von großer spiritueller Kraft und Reinheit. Jeder von uns trägt solche reinen, kostbaren Herzensbitten verborgen in sich. Um zu ihnen vorzudringen, braucht es vor jedem Bittgebet an Gott eine ehrliche geistige Klärung: Was gehört in den Bereich meiner eigenen Verantwortung? Was soll und kann ich selbst bewältigen? Was muss ich akzeptieren? Was kann ich stehen lassen? Was sollte ich loslassen? Das alles immer wieder sorgfältig zu unterscheiden, ist durchaus eine Herausforderung. Manche Christen neigen eher dazu, das alles mit ein paar Seufzern an einen übermächtig gedachten Gott wegzudelegieren. Ihr Herz bleibt dabei gleichgültig. Das ist auch eine Gefahr, die in den formelhaften Bittgebeten in unseren Gottesdiensten lauert. Natürlich sind die Sätze unserer Fürbitten in der Regel theologisch reflektiert und politisch korrekt formuliert und gewiss immer gut gemeint. Aber sprechen sie Ihre Seele an? Wecken sie Mitgefühl in Ihnen? Setzen sie Tatkraft in Ihnen frei? Oder hören Sie kaum noch hin, weil es die immer gleichen Dienstleistungsaufträge für einen merkwürdig abwesenden Gott sind, der anscheinend ohne unsere ausführlichen To-do-Listen keine Ahnung hat, was er alles Gutes für uns und die Welt tun könnte?

Selbstverständlich geht es nicht darum, die Fürbitten für andere völlig aufzugeben, sondern sie in echte Mitgefühlspraxis zu verwandeln. Bei Fürbitten geht es um einen Mangel, den Sie bei anderen Menschen und in der Welt wahrgenommen haben: eine Sorge oder Not, eine Angst vor Verlust, ein äußerliches oder seelisches Leiden, fremder, schwerer Schmerz im ständig bedrängten Leben unseres Planeten und seinen fragilen Prozessen. Diesen Schmerz müssen wir auch wirklich fühlen, bevor wir ihn in unseren Fürbitten benennen. Davor muss man keine Angst haben. »Alles schmerzt sich einmal durch bis auf den eigenen Grund, und die Angst vergeht«, schrieb einmal der böhmische Dichter Jan Skácel. Diese Erfahrung habe ich auch gemacht und daraus eine Mitgefühlsübung für mich entwickelt.

Wenden Sie sich einer konkreten Not mit voller Aufmerksamkeit zu. Erlauben Sie ihr, dass sie wirklich Ihr Herz berühren und bewegen darf. Nehmen Sie das fremde Leid, den Schmerz eines anderen darin voll wahr. Weichen Sie nicht aus. Lassen Sie diese Not auf Ihren inneren Herzensgrund sinken, wo sie sich mit Gottes Barmherzigkeit vollsaugen kann wie ein Schwamm. Tun Sie nichts anderes, als dieses Vollsaugen wahrzunehmen. Gottes Barmherzigkeit ist unendlich und immer groß genug. Dabei können Sie spüren, wie die Angst langsam weicht und einem unbegrenzten liebevollen Mitleiden Platz macht. Am Ende wird eine mit Gottes Liebe und Mitleiden getränkte Fürbitte an die Oberfläche treten. Eine solche Bitte, die Liebe und Leid in Ihrem tiefsten Inneren zusammenbringt, hat transformatorisches Potenzial. Sie stiftet eine wirkliche Verbindung. Sie erreicht andere Menschen und bewirkt tieferes Verstehen, freiwilligen Verzicht oder kraftvollen Einsatz für nachhaltige Veränderung.

Spirituellen Eigennutz durchschauen

Nun aber noch einmal zurück zu Meister Eckharts Kritik am Glauben an einen Kuhgott, der alle unsere Wünsche bedient. Sobald der Mensch definiert, welche Milch oder welchen Käse ihm sein Kuhgott liefern soll, betrachtet er Gott unter einem Nützlichkeitsaspekt. Aus mystischer Sicht ist das einfach Missbrauch. Meister Eckhart ist hier besonders streng. Ausdrücklich meint er damit nicht nur einen realen äußeren Vorteil, sondern schließt in die Kategorie »Eigennutz« auch das weite Feld des inneren Trostes ein. Das ist wirklich hart, soll uns aber offensichtlich wachrütteln. Denken Sie an einen Gottesdienst, einen Vortrag, ein Buch oder ein spirituelles Seminar, aus dem Sie »etwas für sich mitnehmen« wollen, einen »Mehrwert« gewinnen möchten – alles Eigennutz laut Meister Eckhart! Auch der Wunsch nach besonderen spirituellen Erlebnissen und das »Abgrasen« besonders heiliger Orte oder prominenter spiritueller Lehrer gehören zu dieser Form von Selbstbezogenheit. Verräterisch ist oft schon die Frage: »Was kriege ich von meiner Religion?« Ist meine Taufurkunde eine Art Versicherungsschein für das ewige Leben? Ist Meditation für mich ein stressreduzierendes Entspannungsprogramm? Ist die Predigt dazu da, um mich möglichst gut zu unterhalten? Sind meine guten Taten Eintrittskarten in einen komfortablen Himmel, der in meinen Wunschfarben ausgemalt sein soll? Wer, wo und was ist Gott für mich, wenn alle diese Bedürfnisse nicht erfüllt werden?

Sie merken schon: Wer sich seinen Gott, seine Religion oder seine Kirche wie eine nützliche Kuh hält, die ihm brav und zuverlässig ihre spirituellen Milchprodukte abzuliefern hat, erlebt schnell, dass dieses Kuhgottesbild eher ein goldenes Kalb auf tönernen Füssen ist, um das lediglich sein Ego herumtanzt. In den Worten von Elias Canetti: »Am unerträglichsten wäre ein Gott, der so wäre, wie man ihn sich wünscht.« Diese Ego-Kuhgott-Kombination kann von einer rationalen und aufgeklärten Religionskritik im Handumdrehen geschlachtet werden, weil sie Gott unentwegt auf uns selbst reduziert und ihn zum Handlanger unserer Wünsche degradiert (die mit den Bedürfnissen von anderen auch noch heftig kollidieren können). Gott wird als eine Funktion unseres begierigen Egos und als ein selbstgebautes Götzenbild entlarvt.

Die Qualen eines frommen Suchers

Wie also wird man diese Nutztiereinstellung gegenüber Gott los, die sich so leicht in unseren Glauben einschleicht? An erster Stelle stehen Selbstbeobachtung und Selbstkritik. Gerade religiöse Menschen brauchen hier eine Menge Mut zur Wahrhaftigkeit, um sich ehrlich unter die Lupe nehmen zu können. Aber auch Kirche und Theologie müssen regelmäßig ihre Positionen daraufhin überprüfen, ob sie Gott verzweckt und in eine Nutzkuh verwandelt haben.

Martin Luther prangerte als junger Theologieprofessor und Augustinermönch die Verzweckung Gottes scharf an. Der Kuhgottglaube ist für Luther Glaube an einen »Ab-Gott« und ein Relikt aus der heidnischen Ab-Götterei zur Zeit Jesu: »Sie haben vielerlei Götter aufgestellt um mancherlei Anliegen willen ... Der sollte Korn wachsen lassen, jener zu Wasser beim Schiffbruch helfen. So viel Not, Gut und Nutzen auf Erden war, so viele Götter hatte man erwählt, bis sie auch Gewächse und Knoblauch zu Göttern gemacht haben ...« Luther kritisierte darum auch die macht- und prunksüchtige Papstkirche seiner Zeit, die mit Reliquienverehrung und Ablasshandel dem Kuhgottglauben Tür und Tor geöffnet hatte. Noch heftiger aber spürte er, dass ihm die geläufige mittelalterliche Bußtheologie nicht mehr genügte, weil sie die eigentliche Grundlage für den frommen Kuhgotthandel bildete. In seinem täglichen Bemühen, ein guter Mönch zu sein, quälte Luther sich mit der Frage: »Wie kriege ich einen gnädigen Gott?« Luther durchlitt massive seelische Ängste, weil er sich nie sicher sein konnte, die Forderung nach vollkommener Liebe zu Gott zu erfüllen. Er versuchte, durch tägliche strenge Bußübungen die Gnade zu erwerben. Aber seine Beichte geschah mehr aus Angst vor Bestrafung, es war keine reine Reue aus Liebe zu Gott. Irgendwann begriff Luther, dass diese Qualen selbst zum Kuhgottglauben gehörten und ihn zu dem »Wahnsinn« zwangen, ständig um den Nutzen Gottes für sein Seelenheil zu kreisen. Gott war zum Zweck geworden, zuständig für die Belohnung frommer Christen, die Bestrafung der Ungläubigen und die Erlösung reuiger Sünder. Er führte nicht zur befreienden Liebe, sondern zum Albtraum einer, wie Luther sagte, »hassenswerten« Gnadenlehre. Sie kettete beide, die angsterfüllte Seele und den scheinbar allmächtigen Gott, gnadenlos an ein religiöses Nutzenkalkül. Luther befreite sich davon, indem er diese Ketten zerschlug. Er hatte begriffen: Niemand kann Gott und die Gnade unter seine Verfügungsgewalt bringen. Die Gnade ist kein per Ablasshandel verkäufliches »Erzeugerprodukt« aus kirchlicher Kuhgotthaltung. Mit der Gnade kann nicht gedealt werden, die Kirche hat die Gnade als das erlösende Wort Gottes zu verkünden, aber sie kann sie nicht ihren Bedingungen unterwerfen. Gottes Gnade ist allumfassend, weil sie frei ist von all unseren Wünschen oder Verdiensten. Und wir sind frei, sobald wir unsere Wünsche zurückziehen und Gottes Gnadenfülle in uns wirken lassen können.

Der nackte Gott

Vermutlich hätte sich Luther viele Qualen erspart, wenn er mit den Texten von Meister Eckhart noch vertrauter gewesen wäre, die er nur bruchstückhaft über ein Buch eines Eckhartschülers kannte. Er hätte einen großen Lehrmeister in ihm gefunden. Schon bei Meister Eckhart, der von der »Unbrauchbarkeit« Gottes spricht, wird Gott buchstäblich »nutzlos«, er muss keine Funktionen mehr für uns erfüllen. Er ist kein Hilfsmittel mehr, kein Objekt unseres Wünschens. Er dient nicht mehr irgendeinem von uns definierten Zweck. Er ist »nackt«, einfach Gott, der absolute, grundlose GRUND des Lebens selbst. Wer das erkennt, ist auch »nackt« und will Gott nicht mehr instrumentalisieren. Aus der Verneinung – ich will keine Kuhgottgaben – wird ein offenes Ja: Ich nehme Gott selbst als mein tiefstes Wesen an, ohne Gewinnabsicht, ohne irgendein »Warum«.

Wenn wir also unbesorgt etwas für uns selbst erbitten wollen, dann möglichst nur, dass uns diese freiwillige Distanzierung vom Habenwollen gelingt und in eine Sehnsucht nach purem Sein transformiert wird.

Ein berühmtes mystisches Anleitungsbuch des sogenannten Cloud-Autors aus dem 14. Jahrhundert, »Die Wolke des Nichtwissens«, rät dazu Folgendes: »Lass dieses wirkende Etwas mit dir tun, was es will, und folge ihm, wohin es dich führt. Lass es das Wirkende in dir sein und sei einfach empfänglich. Mische dich nicht ein, um zu ›helfen‹, denn damit könntest du alles verderben. Sei wie das Holz in der Hand des Zimmermanns oder wie ein Haus für den, der darin wohnt ... Es reicht völlig, dass du dich von einem geheimnisvollen Etwas in der Tiefe deiner Seele bewegt fühlst. Vergiss alles außer Gott und richte dein Verlangen, befreit von Wünschen und Eigeninteressen, ganz auf ihn.«

Statt mit unseren Wünschen ständig Gott steuern zu wollen, können wir alles loslassen und uns von Gottes Wirken in uns ergreifen lassen. Wenn Sie also den Weg der Mystiker gehen möchten, dann halten Sie sich bitte nicht damit auf, etwas *von Gott* haben zu wollen. Nehmen Sie das Eine, worauf es wirklich ankommt, fest in den Blick: Bitten Sie um Gott selbst und um sonst nichts. »Gott allein genügt«, sagt Teresa von Ávila, *»Sólo dios basta!«.*

Für Christen heißt das: »Lebt in der Liebe, wie auch Christus uns geliebt hat!« (Eph 5,2). Jeder noch so kleine Schritt hinein in das Feld der göttlichen Liebe reduziert ein Stück Egozentrik. Jedes winzige Stückchen Liebe, das Sie in Ihrem Inneren zulassen können, weitet Herz, Seele, GEIST, weil die Liebe ins Unendliche tendiert. Fangen Sie mit der Liebe zu sich selbst an – die Liebe liebt und geht weiter! Entwickeln Sie Nächstenliebe – die Liebe liebt und geht weiter! Üben Sie sich in Feindesliebe – die Liebe liebt und geht weiter! Entdecken Sie die Liebe zum Kosmos – die Liebe liebt und geht weiter!

Offensichtlich bewirkt die Bereitschaft, immer wieder über sich hinaus zu lieben, die entscheidende Verwandlung der Seele. Sie wird Gott, dem Unendlichen, der allesumgreifenden Liebe, immer ähnlicher – »gottfarben«, wie Meister Eckhart sagt. Schließlich liebt die Seele in Gott so wie Gott in der Seele liebt – bedingungslos, »nutzlos«, endlos. Meister Eckhart bezeichnet diesen Zustand als das inwendige Gottesreich. Er betont, dass wir selig sind, wenn wir Gott in uns haben und »Gott selber selig in der Seele ist«. Von allem anderen haben wir abgelassen – der ursprüngliche Sinn des Wortes Gelassenheit, das Meister Eckhart persönlich erfunden hat. Über das Lassen-Können sagt er weiter: »Ein Mensch, der Gott liebt, dem fällt es ebenso leicht, alle Welt zu lassen wie ein Ei. Je mehr der Mensch lässt, umso leichter wird ihm das Lassen.« Das Lassen selbst ist ein Akt der Liebe, die über sich hinaus liebt und sich als reines Sein, reines Bewusstsein erweist. Gottes Seligkeit in der Seele zu spüren bedeutet, dass Sie in diesem leeren, gelassenen Bewusstseinszustand paradoxerweise die Fülle der göttlichen Liebe erfahren können.

Selbstenteignung als Befreiungsakt

Lassen Sie also getrost los. Sie können den Weg der Selbstenteignung auch von außen nach innen gehen. Fangen Sie mit kleinen Dingen aus Ihrem Besitz an. Im Internet verfolgte ich einmal die Geschichte einer jungen Frau, die ein Jahr lang jeden Tag ein Ding aus ihrem Besitz losließ, es verkaufte oder verschenkte. Nach zwölf Monaten zog sie Bilanz und staunte darüber, wie frei sie sich fühlte, nachdem sie ihren Besitzanspruch über diese Dinge hatte loslassen können. Die Attraktivität all dieser Gegenstände, die sie einmal unbedingt hatte haben wollen, war dahingeschmolzen. Durch das freiwillige Loslassen hatten sie die Macht über sie verloren. Auf das *freiwillig* kommt es an! Wenn Sie wirklich freiwillig loslassen können, passiert Folgendes: Ihre an die Dinge gebundene Liebe und Energie wird auf friedliche und nicht erzwungene Weise frei und steht Ihnen wieder voll zur Verfügung. Obwohl die Sachen weg sind, ist in Ihnen mehr Energie da. Sie fühlen sich lebendiger, weil Sie dank der Leere mehr Bewegungsspielraum haben und wieder mehr bei sich selbst sind.

Einen vergleichbaren Befreiungsprozess üben Mystiker in ihrem Inneren ein. Sie lassen immer wieder alle Wünsche, Vorstellungen und gedanklichen Bindungen los, die als ständiger Strom in ihrem Bewusstsein auftauchen. Damit räumen sie ihr inneres Bewusstseinshaus leer und gelangen so bis zum Gottesgrund selbst, der noch unter allen Gottesbildern liegt. Die Bibel nennt das »Armut im Geiste«: eine offene Leere bei hellwachem Bewusstsein, die vollkommen empfänglich für das reine Sein ist. Geistige Armut ist natürlich etwas ganz anderes als Naivität oder Dummheit, sondern eine Erfahrung großer geistiger Klarheit ohne Bilder und Gedanken. Meister Eckhart sagt dazu: »Wenn ich alles hinauswerfe, so kann ich in das bloße Sein Gottes versetzt werden, und das ist das reine Sein des Geistes.«

Meister Eckhart hat übrigens in diesem Zusammenhang extra ein weiteres neues deutsches Wort kreiert, den Begriff »Eigenschaft«. Ein geistlich armer Mensch, der in der Kontemplation sein Bewusstsein leeren kann, ist ein »Mann ohne Eigenschaften«, der freiwillig auf alles *Eigene*, auf alles *Eigen*tum und auf *Eigen*sinn in seinem eigenen Wollen verzichtet hat. »Ich will Gott niemals bitten, dass er sich mir hingeben soll«, sagt Meister Eckhart. »Ich will ihn bitten, dass er mich leer und rein mache. Denn wäre ich leer und rein, so müsste Gott aus seiner eigenen Natur sich mir hingeben und in mir beschlossen sein.«

Wer dahin gelangt, ist ins Offene getreten und hat den Glauben an einen Nutzkuhgott endgültig hinter sich gelassen. So wie der amerikanische Psychologe Sam Keen, der sich mit einem kurzen Haiku (und einem inneren Lachen) vom nützlichen Kuhgott und allen verfügbaren Gottesbildern losreißt:

Geist melkt die Welt
Nach Metaphern.
Heilige Kuh!

Übungen zur Vertiefung

15 eigen-sinnige Kuhgottkrankheiten

Das Mystikerprogramm der religiösen Nutzkuhentfernung dient nicht nur der inneren Transformation von Einzelnen. Es enthält auch viel Zündstoff für gesellschaftliche und religiöse Gruppen, in denen sich jede Menge unheilige Kühe finden lassen. Das war zu Jesu und Luthers Zeiten so und ist heute nicht anders.

An Weihnachten 2014 hat Papst Franziskus seiner Kurie nicht den gemütlichen Ochsen im Stall von Bethlehem vor Augen gemalt, sondern einen Augiasstall voller kranker unheiliger Eigennutzkühe. (Der antiken Sage nach waren die Ställe des griechischen Königs Augias dreißig Jahre lang nicht gereinigt worden. Bevor Herakles sich ans Ausmisten machte, stank es also mächtig zum Himmel.) Papst Franziskus kam auf 15 Krankheiten und scheute sich nicht, sie alle beim Namen zu nennen. Ich greife sie hier auf, weil sie nicht nur der römischen Kurie, sondern uns allen die Augen für unsere Ersatzgötter in unseren Kirchen- oder Pfarrgemeinden, Kirchenvorständen, Leitungsgremien, Ausschüssen und Synoden öffnen können. Wenn Sie eine solche kranke unheilige Kuh entdecken, haben Sie die Wahl, sie weiter zum Schaden aller durchzufüttern oder mit vereinten Kräften aus dem Kirchenstall zu schaffen. Wenn Sie einen Stift in die Hand nehmen, können Sie Ihre kranken unheiligen Kühe gleich ankreuzen.

Die 1. kranke Kuh leidet an fehlender Selbstkritik und Reformfähigkeit. Sie hält sich für unersetzlich, unantastbar und ist immun gegen Wandlung und Erneuerung. Ein richtiges dickes goldenes Kalb!

Die kranke Kuh Nr. 2 ersetzt Gott durch harte, rastlose Arbeit und legt sich und anderen ein unerträgliches Joch an Arbeitsbelastung auf. Schinderei und (Selbst-)Ausbeutung sind Götzendienst, kein Gottesdienst.

Die 3. kranke Kuh ist mit dem Erreger der spirituellen Abstumpfung infiziert: »Es ist gefährlich, die menschliche Empfindsamkeit zu verlieren!« Ein stumpfes Herz erzeugt herzlose Strukturen und Gottesbilder.

Wer die Kuh Nr. 4 im Stall stehen hat, verwechselt die Freiheit des Heiligen GEISTES mit dem Abgott der Planung und des Dirigismus. Damit verfehlt man die offene Weite, Kreativität und Großzügigkeit Gottes.

Die 5. Kuh schlägt ständig nach allen Seiten aus, weil sie nichts koordinieren und mit niemandem zusammenarbeiten kann. Ihre qualvolle Krankheit heißt: »Ich habe das Sagen«. Das goldene Kalb der Rechthaberei und Macht.

Kuh Nr. 6 leidet an »Spirituellem Alzheimer« und ist darum gleich als Götzenbild zu erkennen: »Wir sehen es in den Leuten, die ihr Zusammentreffen mit dem Herrn vergessen haben ... in jenen, die völlig auf ihr Hier und Jetzt, ihre Leidenschaften, Launen und Manien angewiesen sind; in jenen, die Mauern um sich bauen und sich von Götzen versklaven lassen, die sie mit ihren eigenen Händen erschaffen haben.«

Das komplexe Krankheitsbild der 7. Kuh besteht aus Imagefixierung, Eitelkeit, Rivalität und Prahlerei: »Wenn das eigene Aussehen, die Farbe der Gewänder oder Ehrentitel zu den wichtigsten Zielen im Leben werden.«

Kuh Nr. 8 leidet an »existenzieller Schizophrenie«: »Es ist die Krankheit jener, die ein Doppelleben führen. Ein Resultat der Scheinheiligkeit, die typisch ist für mittelmäßige und fortgeschrittene spirituelle Leere, die auch akademische Titel nicht füllen können.« Eine Krankheit, »an der oft die leiden, die sich auf bürokratische Aufgaben beschränken und dadurch den Kontakt mit der Realität und echten Menschen verlieren«.

Die 9. und 10. Götzenkuh haben Höflinge und Intriganten im Stall stehen. Ihre Kühe verbreiten den »Terror des Geschwätzes, ... die Krankheit von Feiglingen, die nicht den Mut haben, direkt zu sprechen, sondern nur hinter dem Rücken von Leuten«. Dazu kommen Schmeicheleien gegenüber den Vorgesetzten: »Das ist die Krankheit jener, die ihre Vorgesetzten hofieren und dafür auf deren Wohlwollen hoffen. Sie sind Opfer des Karrierismus und des Opportunismus. Sie verehren Menschen, die nicht Gott sind.«

Die kranke Kuh Nr. 11 fühlt sich eiskalt an, weil sie an Gleichgültigkeit gegenüber anderen leidet oder »aus Neid oder Heimtücke Freude daran findet, andere fallen zu sehen, statt ihnen aufzuhelfen und sie zu ermutigen«.

Völlig verängstigt und in sterilen Pessimismus verstrickt ist die 12. Kuh. Eine schlimme Krankheit, die den nährenden Milchfluss von Glück, Zuversicht und Freude versiegen lässt.

Kuh Nr. 13 ist wirklich eine Unglückskuh, die versucht, »die existenzielle Leere in ihrem Herzen mit der Ansammlung materieller Güter zu füllen, nicht, weil man sie braucht, sondern weil man sich dadurch sicherer fühlt«. Materialismus ist ein riesiger Ersatzgott.

Die 14. Kuh ist ans Klüngelband »geschlossener Kreise« gekettet, einer heimlichen Seilschaft hinter verschlossenen Türen, die stärker sein will als die Gemeinschaft: »Diese Krankheit versklavt mit der Zeit ihre Mitglieder, indem sie zu einem Krebsgeschwür wird, das die Harmonie des Körpers bedroht und so viel Schaden verursacht«, besonders gegenüber jüngeren Menschen.

Die 15. Kuh schließlich ist unersättlich und in ihrem Streben nach weltlicher Macht und Geltung furchtbar aufgebläht. Sie stinkt nach Rufmord, Diffamierung und Diskreditierung anderer, um sich selbst als besser, heiliger oder kompetenter als andere darzustellen.

Das war's. Es gibt viel zu tun. Ich hoffe, Sie haben – so wie ich auch – ein paar eigene Kühe entdeckt, bei denen Sie anfangen können. Wenn nicht, denken Sie an die Kuh Nr. 1 ...

Verschwundene Götter

Machen Sie sich einmal anhand Ihrer eigenen Biografie die kleinen und großen »Nutzgötter« Ihrer Kindheit bewusst, an die Sie geglaubt und die Sie hinter sich gelassen haben: hilfreiche Zwerge, Wichtel und Heinzelmännchen; Schutzengel, Nikolaus, Weihnachtsmann und Christkind; Osterhase und Zahnfee ... Wie und warum haben Sie den Glauben an sie verloren? Was ist an ihre Stelle getreten? Welche Götter, Stars und Idole haben Sie in Ihrer Jugend verehrt? Wie steht es mit dem Wettergott, dem Parkplatzgott oder dem Gott für gute Noten? Welche »nützlichen« Gottesbilder kennen Sie aus Altem und Neuem Testament, Glaubensbekenntnis, Katechismus, Dogmatik, spirituellen Büchern, Gottesdiensten, der christlichen Tradition oder anderen Religionen? Welche sind lebendig für Sie? Welchen Gott erahnen und suchen Sie jetzt? Was wären Sie bereit, loszulassen, um ihn finden zu können?

Lass-die Kuh-los-Formeln

Um vom »Nutzkuhglauben« wegzukommen, haben Mystiker aus den verschiedensten religiösen Traditionen eigene »Lass-die-Kuh-los-Formeln« für sich entwickelt, die sie immer wieder beten konnten. Hier habe ich einige für Sie zusammengestellt, mit denen Sie experimentieren können. Zu welchem Text Sie sich auch hingezogen fühlen mögen – bitte denken Sie daran, dass Sie ihn oft und aufrichtig für sich beten, damit er auf den Grund Ihrer feinen Seele fallen und dort in der Tiefe seine heilsame und verwandelnde Wirkung entfalten kann.

Herr, gib mir nichts, als was du willst,
und tue, Herr, was und wie du willst in jeder Weise!

■■■■ Meister Eckhart

Fort, fort, fort hinaus,
vollständig fort hinaus, weit hinaus!

■■■■ Herz-Sutra

O mein Geliebter,
trenne mich von meinen Wünschen,
löse mich aus meinem Tun
und schaffe alles weg,
was mich von dir entfernt.

■■■■ Rumi

Mein Herr und mein Gott,
nimm alles mir,
was mich hindert zu dir.
Mein Herr und mein Gott,
gib alles mir,
was mich führet zu dir.
Mein Herr und mein Gott,
nimm mich mir
und gib mich ganz zu eigen dir.

▪▪▪▪▪ Nikolaus von Flüe

Lass dieses Ich untergehen
und sei Du allein alles in allem.
Führe so mich ganz aus mir selbst
und dem Meinen heraus
in Dich, o mein Gott,
mein Ursprung und mein Ziel.
So bin ich nicht mehr im Schein,
sondern im Wesen.

▪▪▪▪▪ Gerhard Tersteegen

Christus, ich überlasse mich dir
für alles, was du willst.

▪▪▪▪▪ Albert Peyriguère

Der tote Handschuh

Ich lag hier wie ein toter Handschuh.
Wenn keine Hand sich in ihm regt, kann er nicht leben.
Der Handschuh kann sich nicht selbst regieren,
die Hand vielmehr, die in ihm steckt,
die regt sich in ihm und regiert ihn.
Ich lag hier wie ein toter Handschuh,
doch Gottes lebendige Hand hat sich in mich gesteckt.
Er hat mich lebendig gemacht mit seiner himmlischen Kraft.
Er ist es, der mich jetzt regiert, und nicht ich selbst.

▬▬▬ Hans Engelbrecht

Das Motiv vom Handschuh habe ich bisher nur bei zwei Mystikern ge-funden, obwohl es die Kraft eines echten, in der Seele geborenen Bildes besitzt. Zum einen fiel es mir bei Rumi auf, dem berühmten poetischen Großmeister unter den islamischen Mystikern; und zum anderen bei ei-nem schlichten deutschen Handwerker namens Hans Engelbrecht. Ein fast unbekannt gebliebener Laienprediger, ohne theologische Ausbildung und obendrein noch lutherisch. Einer wie er fällt schnell durch unser überwiegend katholisch geprägtes Wahrnehmungsraster für christliche Mystiker. Lassen wir also einen protestantischen Laien hier stellvertre-tend für die vielen »gewöhnlichen« Menschen zu Wort kommen, die ei-ne außerordentliche Bewusstseinserfahrung machten und daraufhin in ihrem Leben eine neue Richtung einschlugen.

Hans Engelbrecht, ein ungebildeter Tuchmachergeselle aus Braunschweig, erlebte im 17. Jahrhundert eine solche Umwälzung. Mit 23 Jahren, im Jahr 1622, wurde er schwer krank und lag im Sterben. Dabei hatte er eine Nahtoderfahrung. In seinen Aufzeichnungen beschreibt Engelbrecht, wie das Leben von unten nach oben aus seinem Körper wich, seine Augen brachen und er sich dem Tod nahe wähnte: »Ich bin gar steif und kalt gewesen und konnte nicht klingen: dass ich aber jetzt in dem Reden klinge, das regiert der Heilige Geist und ich nicht.« In dieser Extremsituation wurde ihm die Erfahrung einer »Entzückung« von ungeheurer »himmlischer Freude« geschenkt. Erstaunlich rasch wurde er wieder gesund und zog von da an als Bußprediger durch Norddeutschland. Weil Engelbrecht bescheiden auftrat und sich als bodenständiger, toleranter Seelsorger erwies, fand er überall Zulauf. Trotzdem oder vielleicht gerade deshalb wurde er schließlich als »Schwärmer« von der lutherischen Obrigkeit bekämpft und aus der Sakramentsgemeinschaft ausgeschlossen. Wie so oft war auch hier die Orthodoxie der natürliche Feind der Mystik.

Schutz oder Macht?

Bevor ich den Text vom toten Handschuh zum ersten Mal las, assoziierte ich mit Handschuh vor allem Schutz. Ich war dankbar für warme Winterhandschuhe, dornenabwehrende Gartenhandschuhe, die dünnen praktischen Einweghandschuhe beim Putzen oder die infektionssicheren medizinischen Handschuhe, die mein netter Zahnarzt trägt. Dann fiel mir auf, dass in Engelbrechts Text Schutz überhaupt keine Rolle spielt. Das Schlüsselwort ist »regieren«, ein dreifaches Ausrufezeichen im Text. Es geht um Leben und Tod, um Leere und Fülle, um Macht und Ohnmacht.

Dann erinnerte ich mich an mein Mediävistikstudium. Im Mittelhochdeutschen gibt es zwei Worte für Hand, *hant* und *munt*. Das letztere leitet sich vom lateinischen *manus* ab und bedeutet Macht, Gewalt,

Herrschaft. Es kommt in unserem Wortgebrauch heute noch in Vormund, mündig oder Mündel vor. Nun hatte ich meine Spur und wurde fündig: Der Handschuh war über Jahrhunderte hinweg eine Insignie der Macht, ein Zeichen legalisierter männlicher Herrschaft und Vormundschaft. Der Handschuh an der rechten Hand des erwachsenen, freien Mannes war Zeichen seiner Rechts- und Wehrfähigkeit. Wer einem anderen den Handschuh vor die Füße warf, verlangte eine außergerichtliche Fehde, die Regelung eines Rechtsbruchs oder einer Ehrbeleidigung. Der Krönungshandschuh des Königs konnte die Person des Königs vertreten. Nur Bischöfe besaßen das päpstliche Privileg, Pontifikalhandschuhe zu tragen. Richter legten bei der Rechtsprechung mit dem Gerichtsschwert Handschuhe an. Um bei einem hohen Herrn Erfolg mit einem Bittgesuch zu haben, legte man ein paar Handschuhe bei, die mit Geld gefüllt waren. Man konnte sogar in Abwesenheit eine Frau heiraten und damit ihr Rechtsvormund werden, wenn man seinen Handschuh an den Vater der Braut (das unmündige Mündel unter der Vormundschaft eines Mannes) schickte. Der Handschuh gehörte den Männern und den Männern gehörte die Macht.

Ich denke, Sie sehen jetzt das große Gefälle, mit dem wir es bei unserem Handschuhtext zu tun haben: Ein Mann spricht ungeschminkt von seiner Ohnmacht, von seiner Unfähigkeit, sich »selbst zu regieren«. Der Handschuh ist tot. Das ist das Ende der Machtgewissheit. Und der Anfang einer neuen mystischen Identität. Von da ab fingen Hans Engelbrechts Worte für mich zu »klingen« an, und ich konnte seinen Handschuhtext zusammen mit meinen Seminarteilnehmern erforschen. Ich nahm daher ins nächste Seminar einen bunten Haufen Handschuhe in verschiedenen Größen mit und ließ alle damit experimentieren. So sind mehrere Übungsschritte entstanden.

Die existenzielle Frustration

Im Seminar fangen wir mit dem ersten Satz an: *Ich lag hier wie ein toter Handschuh*. Jeder nimmt sich ein Paar Handschuhe, zieht einen davon an und legt den anderen vor sich auf den Tisch. (Es ist fast immer die dominante Hand, der wir spontan den Handschuh anziehen.) Mit dieser »mächtigen«, vorherrschenden Hand im Handschuh kann nun jeder machen, was er will. Die meisten fangen sofort an, den toten Handschuh anzustubsen. Er wird auf dem Tisch herum geschoben, immer wieder umgedreht, gedrückt, geknetet, geschüttelt und gepackt. Manche versuchen ihn aufzublasen wie einen Luftballon, manche streicheln, klopfen oder massieren ihn, um ihn zum Leben zu erwecken. Irgendwann kommen den meisten diese Anstrengungen dumm und sinnlos vor. Da ist nichts zu machen. Das bringt nichts. Die Identifikation mit der aktiven Hand hört auf und plötzlich fühlen sich viele in der Gruppe wie der tote Handschuh auf dem Tisch. Sie sagen: Ich fühle mich oft genauso hohl und leer. Nutzlos, abgelegt und unausgefüllt. Ich komme mir herumgeschubst vor, als ob ich ein lebloses Ding wäre, mehr Objekt als Subjekt. Ich weiß nicht, was ich aus meinem Leben wirklich machen will. Ich weiß nicht, wozu ich fähig bin, wer ich eigentlich bin. Ich spüre die Kräfte in meinem Inneren nicht mehr, nur den ständigen Druck von außen. Ich habe keine Visionen, keine Träume mehr, ich bin zur Passivität verdammt. Ich merke, dass mein Leben so keinen Sinn macht. Dass es kein Ziel hat. Was soll das alles? Wofür bin ich gemacht? Nichts füllt mich wirklich aus.

Immer wieder tauchen solche Sätze erlebter existenzieller Frustration auf. Manche werden an das »Liegengebliebene« in ihrem Leben erinnert. Sie spüren eine Bringschuld, weil sie irgendwann einmal versäumt haben, etwas zu tun oder zu gestalten. Frauen klagen oft, dass der eigene Lebenspartner wie ein toter Handschuh sei, zu nichts zu bewegen, ohne Resonanz auf alles Spirituelle, was man ihm anbietet. Bei vielen wird die Lebensenergie durch den Beruf aufgezehrt, sie hängen zu Hause nur noch ermattet herum, leiden an Orientierungslosigkeit und können sich kaum noch gegen die wachsende Sinnlosigkeit wehren.

Die fehlende Dimension

Wenn keine Hand sich in ihm regt, kann er nicht leben. Der zweite Satz von Hans Engelbrecht gleicht einer perfekten Diagnose, um den Befund zusammenzufassen: Bei Sinnlosigkeit fehlt die geistige Dimension, symbolisiert durch die fehlende »Hand«, die den Handschuh beleben und bewegen könnte. C. G. Jung erkannte in diesem Mangel an Beziehung zur eigenen Spiritualität das Grundleiden vieler seiner Patienten jenseits der Lebensmitte. Wo sich der moderne Mensch als ein ausschließlich naturwissenschaftlich beschreibbarer und chemisch gesteuerter Zellverbund definiert, verliert das eigene Dasein rapide an Tiefe, Beziehungsreichtum, Gestaltungsmöglichkeiten, Sinnhaftigkeit und Wert. Der den ganzen Kosmos durchwirkende GEIST und die spirituelle Tiefe der Wirklichkeit bleiben ihm verborgen und unbewusst. Für moderne Rationalisten reduziert sich die Welt auf ein zweidimensionales »Flachland«, auf geistlose Materie aus nackten, kalten Daten und Zahlen, auf einen flachen, leeren Handschuh, der ihnen nichts zu sagen hat.

Neben den Rationalisten und Reduktionisten gibt es aber auch Sucher, die sehr wohl an spirituellen Fragen interessiert und trotzdem frustriert sind. Für sie ist die Kirche, die Dogmatik, die Gemeinde oder der Sonntagsgottesdienst ein toter Handschuh, in dem sich nichts regt. Obwohl unter ihnen pro forma noch viele Christen sind, bleiben sie der Kirche fern. Diese Exilanten sind verletzt und verstört darüber, dass es für ihre Suche, ihre Gottesliebe, ihre authentischen spirituellen Prozesse und Erkenntnisse keinen Raum in der Kirche gibt. Ihnen kommt darum das ganze Christentum hohl und leer vor.

Und drittens gibt es noch Menschen, die mit ihrer Kirche oder christlichen Gemeinschaft verbunden bleiben wollen, weil sie sie als Zuhause empfinden. Jede Gemeinschaft definiert aber unausgesprochen oder ausdrücklich einen Rahmen für von ihr akzeptierte Erfahrungen von GEIST. Er darf unter Aufsicht der Amtsträger innerhalb dieses Rahmens wehen, aber keinesfalls darüber hinaus. Wer auf Dauer dazugehören will, verlässt diesen Rahmen also besser nicht. Wenn Sie aber eine Bewusstseinsentwicklung durchlaufen, die darüber hinausgeht, Ihr Selbst also auf Expansionskurs ist, haben Sie ein echtes Problem. Ein Teil Ihres Inneren ist bereit für neue spirituelle Erfahrungen und komplexere Sinnstrukturen. Ein anderer Teil in Ihnen wehrt sich gleichzeitig dagegen, weil Sie ahnen, dass Sie dann vielleicht zu einem Fremdkörper in Ihrer Gemeinde werden. Statt mit Ihnen die handfesten Wirkkräfte des lebendigen GEISTES zu feiern, die Sie in Ihrem Inneren erfahren haben, würde es vielleicht heißen: »Was ist denn in dich gefahren?« Darauf hat keiner Lust. Stattdessen entwickeln viele eine »geistige Allergie« gegen ihr »höheres Selbst«, das ihnen neue spirituelle Erfahrungen und tiefere Bewusstseinszustände ermöglichen will. Das Ergebnis ist dann, dass man das Andrängen des GEISTES von einer neuen Seite standhaft ignoriert und vor sich selbst so tut, als wäre man ein toter Handschuh. Eine Verdrängung, die vielleicht keinem in der Gemeinde auffällt, aber eine große Selbstentfremdung erzeugt. Es gibt keinen kreativen Prozess mehr, kein Ereignis Gottes, keine Selbstüberschreitung hinein in etwas wesentlich Neues, nur verwalteten Stillstand. Ein toter Handschuh führt kein geistliches Leben, auch wenn die Gemeinde noch so nett ist.

Die Leere erforschen

Der Handschuh kann sich nicht selbst regieren, die Hand vielmehr, die in ihm steckt, die regt sich in ihm und regiert ihn. Roger Schutz, der Gründer von Taizé, schrieb einmal: »Nach und nach entdeckt der Mensch, dass er dafür geschaffen ist, von einem anderen als von sich selbst bewohnt zu sein.« Um diese Entdeckung geht es jetzt. Dazu brauchen wir ein neues Bewusstsein für unsere innere Aufnahmefähigkeit. Wenn man kein »toter Handschuh« bleiben will, kommt man um das Erforschen der inneren

Leere nicht herum, die dieser verkörpert. Wir können die innere Leere weiterhin schrecklich finden oder sie wie die Mystiker neu als »unbesetzten Ort« reiner Empfänglichkeit begrüßen.

Vielleicht kann ich es Ihnen mit einem weiteren Begriff erklären, den Chinesen verwenden, wenn sie ein gutes Bild oder auch einen schönen Garten sehen, in dem reichlich leere Fläche, Weite und Geräumigkeit vorhanden ist. Sie loben ein solches Werk dann als *k'ungling*, das bedeutet »leer *und* lebendig wie die Kraft des Frühlings«. *Leer und lebendig.* So kann man sich den leeren Handschuh vielleicht am besten vorstellen: eine empfängliche lebendige Leere und darum ein anziehender Ort für Gottes GEIST, »der uns lebendig macht« (Joh 6,63), und für seine schöpferische Energie, die »alles in allem erfüllt« (Eph 1,23).

Die nächste Übung lautet daher: Holen Sie sich Papier und Stift und führen Sie ein Interview mit dem toten Handschuh. Lassen Sie ihn erzählen, wofür er sich – vielleicht ohne es selbst so recht zu wissen – leer gemacht haben könnte und nach welcher Art von Erfüllung er sich sehnt. Notieren Sie alle seine Aussagen, auch wenn sie Ihnen anfangs eher vage vorkommen mögen. Fragen Sie behutsam nach, was sich für ihn lebendig anfühlt und was davon er in seine Leere aufzunehmen bereit wäre. Gute Interviewer strukturieren ein Gespräch, indem sie es um verschiedene Fragenkomplexe herum aufbauen. Ich schlage vor, dass Sie Ihre Befragung zunächst einmal um die vier großen Grundbedürfnisse kreisen lassen, die auch Psychologen bei Persönlichkeitsanalysen im Blick haben: Beziehung, Leistung, Wirkung und Freiheit. Achten Sie bei Ihrem Interview genau darauf, bei welchen Antworten sich der Handschuh von »mausetot« umstellt auf »scheintot«, »halb wach« oder prickelnde »Frühlingsgefühle« von lebendiger Leere und künftiger Fülle.

BEZIEHUNG: Welche Beziehungen erleben Sie als erfüllend? Worin liegt die schöpferische Leere, die das ermöglicht? Auf welche anderen Beziehungen könnten Sie das übertragen? Wie fühlt sich *leer und lebendig* im Blick auf Bindung, Zugehörigkeit und Gemeinschaft am besten für

Sie an? Welche Menschen sind Ihre besten Verbündeten, um das zu verwirklichen?

LEISTUNG: Hier geht es um Einsatzbereitschaft, Kompetenz und Können. Kennen Sie Leerräume und Leerzeiten bei Ihrer Arbeit? Welchen Wert haben sie für Sie? Wie praktizieren Sie das Lassen dort, wo Sie etwas leisten? Wann erleben Sie Ihre Arbeit als erfüllend? Wie könnte die *Leer-und-lebendig-Kraft* im Blick auf Ihre vielen Kompetenzen und Fähigkeiten aussehen? Welche Aufgaben würden sich daraus für Sie ergeben?

WIRKUNG: Hier geht es um Gestaltungswillen, Einfluss und verantwortete Macht. Was hilft Ihnen, *leer und lebendig* zugleich zu sein? Haben Sie Vorbilder, die auf eine gute Weise führen und gestalten, indem sie in ihrem Wirken Leere und Fülle ausbalancieren? Wie könnten Sie Machtverzicht und Vollmacht gleichzeitig leben?

FREIHEIT: Was brauchen Sie und was wäre zu lassen, um so sein zu können, wie Sie in Ihrem tiefsten Inneren wirklich sind? Welche Bewegung in Richtung *leer und lebendig* unterstützt Ihren authentischen Selbstausdruck? Wie würde das Hervortreten Ihres Wesenskerns im Licht Gottes aussehen? Wie würde es Ihr Leben verändern?

Als Hohlraum Gottes erwachen

Im zweiten Teil Ihres Interviews befragen Sie den Handschuh nach der eigentlichen mystischen Dimension seiner Leere. Es geht jetzt um eine Rückeroberung der toten Leere, um sie in eine lebendige Leere für Gott zu verwandeln.

»Ich will ganz leer werden, damit Gott ganz in mir geschehen kann«, heißt die Mystikerregel des Loslassens. Dieses Programm bedeutet, dass eine umfassende Loslösung von mentalen Inhalten und allen Arten von Bindungen stattfinden darf. Eine »Evakuierung« aller eigenen Gedanken und Vorstellungen über mich, Gott und die Welt. Madeleine Delbrêl, die französische Mystikerin und Sozialarbeiterin, benutzte – vermutlich inspiriert von Karl Barth – für die geglückte mentale Selbstentleerung den wunderbaren Begriff »Hohlraum Gottes«. Sie empfahl zur täglichen Übung die »schweigende Sammlung unserer selbst im Hohlraum Gottes«. Unser innerstes Inneres wird dabei nach einer gewissen Zeit der kontemplativen Praxis zu einem leergeräumten Raum, der ganz und gar dem namenlosen, bilderlosen Gottesgeheimnis überlassen wird. Im Hohlraum passiert nichts, was man selbst »machen« könnte. Es wirkt allein Gottes Heiliger GEIST, der im Innersten einer Seele den leeren Raum mit seiner allumfassenden Liebe ausfüllt. Wir können auch vom absoluten, zeitlosen WeltGEIST sprechen, der zu seiner eigenen Unendlichkeit durchbricht, sobald er in der universellen Stille unseres Bewusstseins Raum dafür hat.

Die mystische Bewusstseinsleere ist in jedem Fall unser innigster innerer Ort der völligen Präsenz und Hingabe. Wir erfahren sie als vorbehaltlos offen, als pures Da-Sein ohne Inhalt. Gleichzeitig ist sie aber ein Feld unendlicher Potenzialität. Im Buddhismus spricht man darum sehr stimmig von *sunyata*, einer »schwangeren Leere«. Sie ist das ganz Geöffnete, das alles in sich zulassen kann. Ein empfängliches Nichts, in dem alles werden kann. Diese beiden paradoxen Pole puren Da-Seins kann man nicht trennen. Sie gehören auch im mystischen Bild vom toten Handschuh und der lebendigen Hand zusammen: *Kenosis*, die Leere, und *Plerosis*, die Fülle, sind Ausdruck ein und derselben Schöpferkraft. Darum erinnert der wunderbare Hymnus im zweiten Kapitel des Philipperbriefs auch Christus selbst als Mensch gewordene *Kenosis* oder Selbstentäußerung Gottes und feiert dann überschwänglich seinen Namen und die Fülle seiner Allgegenwart.

Schauen Sie den toten Handschuh vor sich an. Er ist einfach nur hohl, aber genau diese hohle Leere ermöglicht es einer Hand, das Innere vollständig auszufüllen. Er ist ein Hohlraum, aber er ist offen zu Gott hin. Der Hohlraum ist auch ein Klangraum Gottes. Darum können Sie den Weg in diese lebendige Leere durch ein schlichtes Lauschen auf die innere Stille bahnen. Wie leer der Handschuh auch sein mag, in ihm wohnt die Stille. Sie kann nicht nicht da sein. Die innere Stille Ihres Bewusstseins können Sie jederzeit wahrnehmen, aber nicht ausschließen, ohne das Bewusstsein selbst auszuschalten. Die Stille ist die Mitte, kein leerer Schrecken, sondern Einklang mit dem göttlichen Urgrund, dem Ursprung und Urquell unseres Daseins. Erforschen Sie lauschend das stille Klingen, den tonlosen Ton, das sprechende Schweigen in der mystischen Leere, die keine Worte kennt. Sammeln Sie Ihre Aufmerksamkeit am »stillsten« Punkt der Leere. Hier innen, in diesem gottförmigen Hohlraum, fühlt sich das Ich, das draußen in der Welt Ihren Namen trägt, nur noch an wie das Echo eines Echos eines Echos. Lassen Sie es los. Sinken Sie in das das lebendige Herz der Leere, das auf Ihre Hingabe gewartet hat. In diesem Herz verschwinden Raum und Zeit. Und gleichzeitig ist da grenzenlos viel Raum und Ewigkeit jenseits der Zeit.

Freier und lebendiger kann man sich nicht fühlen.

Die Hand Gottes sein

Gottes lebendige Hand hat sich in mich gesteckt. Er hat mich lebendig gemacht mit seiner himmlischen Kraft. Er ist es, der mich jetzt regiert, und nicht ich selbst. Das sagt Hans Engelbrecht, der Tuchmachergeselle und lutherische Laienprediger aus Braunschweig.

Ich lebe, doch nun nicht ich, sondern Christus lebt in mir (Gal 2,20), sagt der jüdische Zeltmacher und Christusapostel Paulus aus Tarsus.

Ich Geringster, ich bin Christi Hand! Bewege ich die Hand? Es ist auch Christus, der sie bewegt, denn er ist gänzlich meine Hand. Denn du musst wissen, dass die Gottheit unteilbar ist, sagt der orthodoxe Einsiedler Symeon der Neue Theologe aus Kleinasien.

Der Körper ist sichtbar, der Geist ist verborgen; der Körper ist wie ein Handschuh, der Geist wie die Hand, sagt der islamische Gottesfreund und Poet Rumi aus Konya.

Alle vier haben in unterschiedlichen Jahrhunderten und Kulturräumen das spontane »Eindringen« der göttlichen Energie und das Einswerden mit ihr erfahren. Alle vier waren sich sicher, dass diese Bewusstseinserfahrung jedem Menschen offensteht. Ihr Leben gehörte ihnen dann nicht mehr. Es wurde zum Hoheitsgebiet Gottes. Alle vier definierten sich als leer für Gott, als »Hohlraum« des GEISTES, der als Liebe und Licht alles im Himmel und auf Erden durchfluten und zu Gottes Reich machen kann. Für alle vier gilt, was der reformierte Theologe Karl Barth über glaubwürdige Verkündiger dieser Gottesreicherfahrung gesagt hat: »Ein Apostel ist ein Mensch, an dem ein solcher Hohlraum sichtbar wird.« Diese vier Apostel verband nicht die gleiche Konfession, sondern die Erfahrung von »Gottes Hand« als innerster Wirkmacht, der sie vertrauen konnten wie nichts sonst. Sie tauchten ein in eine unendliche Fülle, zart umhüllt von ihrer eigenen lebendigen Leere. Sie wussten sich von dieser Hand geliebt, gehalten, geleitet und geführt, obwohl sie nicht mehr von ihrer eigenen Hand zu unterscheiden war. Sie waren glücklich, von dieser »himmlischen Kraft« regiert zu werden, die ihr innerstes Sein zum Leben erweckt hatte.

In den Seminaren probieren wir das symbolisch selbst aus. Vielleicht haben auch Sie Lust dazu? Ziehen Sie den toten Handschuh behutsam an und erwecken Sie ihn zum Leben. Erkunden Sie, wie sich der Handschuh jetzt fühlt, während er die lebendige Hand in sich erlebt. Auch wenn es Ihre Hand ist, so ist sie immer auch eine von Gott erfüllte und geführte Hand.

Meine Teilnehmer kamen zu ganz wunderbaren Einsichten:

- Der Handschuh ist so froh, dass er jetzt überall mitwirken kann.

- Er fühlt sich sehr gut, er ist jetzt der Beschützer von etwas gleichzeitig sehr Zartem und sehr Starkem, das er in sich fühlt.

- Es ist unglaublich, wie die beiden zusammenpassen. Sie sind füreinander geschaffen, der eine kann ohne den anderen nicht sein.

- Der Handschuh möchte die Hand immer in sich spüren. Er hat sie so vermisst. Er gehört zu ihr.

- Mein Handschuh wird der Hand ganz ähnlich, weil er ihre Wärme aufnimmt und sich dadurch ganz an sie anschmiegen kann. Das ist etwas ganz Inniges.

- Mann, da ist jetzt aber Leben in der Bude! Ich fühle heiße Energie in der Hand. Es geht richtig los!

- Der Handschuh versteht jetzt seine Bestimmung. Vorher hat er sie nur geahnt. Daraus ist jetzt Gewissheit geworden.

- Was ich mache, wird von Gott inspiriert. Er wirkt durch mich.

- Der Handschuh zeigt mir, was ein Dienst mit Gottes Hilfe ist.

- Die Hand kann den Handschuh überall gleichzeitig von innen her spüren und erfassen, das ist so viel intimer als nur von außen, von der Oberfläche her gesehen. Gott sieht mich auch von innen. Ganz und gar. Das rührt mich zu Tränen.

- Wo Gott ist, bin auch ich. Und umgekehrt.

- Alles ist warm geworden, der Handschuh hat so viel Wärme von der Hand übernommen! Ich kann die neue Wärme in mir genießen und diese lebendige Wärme nach außen abgeben und gleichzeitig nach innen zurückstrahlen. Gott und ich, wir wärmen uns gegenseitig auf!

- Von außen kann der Handschuh schmutzig werden, von innen her ist er immer so rein wie die Hand, die in ihm steckt. Von innen her habe ich teil an der Reinheit (Nicht-Ambivalenz) des Göttlichen.

- Bei dieser Übung bin ich ganz transparent geworden. Ich bin die Außenhaut Gottes. Er ist mein Innenraum. Das ist mehr als genug. Das ist Erfüllung.

Und wenn Sie jetzt noch immer zögern, sich auf so etwas Verrücktes wie tote Handschuhe einzulassen, dann beantworten Sie Meister Eckharts freundliche Frage:

Also, lieber Mensch, was schadet es dir,
wenn du es Gott gönnst, in dir Gott zu sein?

Übungen zur Vertiefung

Reizarme Räume

Halten Sie Ausschau nach reizarmen, leeren Räumen, die Ihr Bewusstsein dabei unterstützen, still und leer zu werden. Betrachten Sie den wolkenlosen blauen Himmel. Schauen Sie auf ein schneebedecktes Feld oder die glatte Oberfläche eines stillen Sees. Setzen Sie sich in nicht zu großem Abstand vor eine nackte Wand oder betrachten Sie ein großflächiges monochromes Gemälde oder Poster, zum Beispiel von Marc Rothko. Sie können Ihren Blick auch in das Innere einer leeren Schale versenken oder sich in einer Imagination an einen Brunnenrand stellen und dort in die dunkle Tiefe schauen.

Die Atempause – Leere atmen

Nehmen Sie bewusst die universelle Stille, die ruhige Leere, die kleine, aktionsfreie bewegungslose Pause zwischen Ihren Atemzügen wahr: Einatmen – Leere – Ausatmen – Leere – Einatmen und so weiter.

Die Grundstille im Bewusstsein kann mithilfe dieser leeren Atempause immer wahrgenommen werden. Dehnen Sie diesen stillen Punkt mental aus, sodass sich Ihr Bewusstsein immer länger darin verankern kann. Mit der Zeit erfahren Sie so eine große Seelenruhe und innere Weite.

Intuitive Malübung zur inneren Fülle

So würde auch dort deine Hand mich führen. (Ps 139,10)

Holen Sie sich bunte Stifte oder Farbkreiden und Papier. Überlassen Sie »Gottes Hand« in Ihnen, ein Bild für Sie zu malen. Denken Sie sich nichts aus, sondern schauen Sie einfach zu, was da unter Ihren Händen zum Thema Fülle entsteht, wenn der unbewusste GEIST selbst Regie führt. Falls sich Ihr Kopf ständig einmischt, können Sie einmal ausprobieren, mit der nichtdominanten Hand zu malen und sich damit der Führung »der anderen Seite« zu überlassen.

Mantra-Sätze zur Fülle

Leben Sie wenigstens einen Monat lang mit einem biblischen Mantra, das Ihnen Gottes Fülle vergegenwärtigt und Sie durch den Tag begleitet. Hier einige Beispiele:

Vor mir ist Freude die Fülle. (Ps 16,11)

In mir wohnt die ganze Fülle der Gottheit. (Kol 2,9)

Ich bin offen für die ganze Gottesfülle. (Eph 3,19)

Die Liebe ist die Erfüllung. (Röm 13,10)

Mein Herz ist mit Freude erfüllt. (Apg 14, 17)

Freude und Frieden erfüllen mich. (Röm 15,13)

Wiederholen Sie Ihr Mantra, so oft es geht. Halten Sie täglich Rückschau am Abend: Wo und wie oft haben Sie das Mantra gesagt? Wie hat es sich angefühlt? Was hat sich dadurch verändert?

Den Hohlraum meditieren

Der Glaube,
sofern er in irgendeinem Sinn
mehr als Hohlraum sein will,
ist Unglaube.

Karl Barth

Gott kommt zum Menschen,
der nichts hat, als einen Raum für Gott,
– und dieser Hohlraum,
diese Leere im Menschen
heißt in der christlichen Sprache:
Glaube.

Dietrich Bonhoeffer

Ein Topf wird geformt, indem man Ton aushöhlt.
Erst der Hohlraum macht den Topf brauchbar
und ermöglicht die Füllung.
Das Sichtbare, das Seiende, gibt dem Werk die Form.
Das Unsichtbare, das Nichts, gibt ihm Wesen und Sinn.

Tao-te-king

Der Jagdhund des Himmels

Gesucht wird Gott, der vor den Augen aller Weisen verborgen ist.
Und weil er selbst es eingibt, dass man ihn suche, lässt der verlangende
Geist nichts unversucht, um dereinst den Geliebten zu erreichen.
Ein Jagdhund läuft vielfältig hin und her, wenn er einen Hasen zu
suchen anfängt, den er noch nie gesehen hat. Wenn nicht seine Natur
irgendeinen Eindruck von der Beschaffenheit des Hasen hätte, würde
er sich nicht angetrieben fühlen zu laufen; denn er würde sich ins Leere
hinein abmühen, wenn er nichts von ihm wüsste. Ebenso geschieht
es unserer geistigen Natur, die sich zur Wahrheit als zu ihrem Leben
hingezogen fühlt.

▬ Nikolaus von Kues

Haben Sie schon einmal daran gedacht, dass Ihre Seele einem Jagdhund ähneln könnte? Als ich diesen Text den Teilnehmern eines sechsmonatigen Internet-Mystik-Projekts zu meditieren gab, erschien einigen von ihnen der Vergleich ihrer Seele mit einem unermüdlich herumlaufenden und lebhaft suchenden Hund doch ziemlich befremdlich. Das Motiv passte nicht so recht zu ihren inneren Bildern von Mystik. Sie verbanden Mystik mit Ruhe, Sammlung oder Stille. Das typische Losrennen und Herumstöbern des Jagdhundes kam ihnen viel zu hektisch und unruhig vor, das übergeordnete Thema Jagd empfanden einige obendrein als zu aggressiv und darum völlig unpassend.

Die Jagd nach Weisheit

Trotzdem gehören die Jagd und der Jagdhund zu den besonders auf-schlussreichen Motiven der Mystik. Der obige Text steht in einem Brief vom 12. Februar 1454, den der Kardinal, Gelehrte und Mystiker Nikolaus von Kues an den Abt des Benediktinerklosters Tegernsee, Kaspar Aindorffer, schrieb. Als ebenso gebildeter Philosoph wie mystisch erfahrener Kirchenmann benutzte Nikolaus von Kues dieses Bild gewiss nicht leichtfertig. Wie aber kam er darauf?

Unter seinen philosophisch-theologischen Schriften findet sich auch eine längere Abhandlung über die Jagd nach Weisheit (*de venatione sapientiae*), in der er seinen Lesern gesteht, dass er selbst bis ins hohe Alter hinein die Jagd des GEISTES nach Wahrheit und Weisheit mittels einer »angenehmen Spekulation« praktizierte, »dem Süßesten, was der Mensch genießen kann«. Diese Bemerkung verrät, dass er seine Einsichten und Bilder in der mystischen Versenkung empfangen und durch Reflexion ausgestaltet hat. Seiner Seele hatte sich das Motiv der Jagd als Synonym für die lebenslange, leidenschaftliche, geistige wie geistliche Suche nach Gott offenbart.

Die Überwindung der Unwissenheit

Positiv besetzt ist der Begriff der geistigen Jagd auch schon im Neuen Testament. Dort heißt es mehrfach, dass man dem Guten nachjagen solle, der Gerechtigkeit und dem Frieden. Das energiegeladene Verb »nachjagen« (griechisch *diókein*) wird in der Bibel immer dann verwendet, wenn man etwas mit Nachdruck verfolgen und mit aller Kraft anstreben sollte. Nun streben Mystiker in erster Linie aber keine Tugenden oder Werte wie Frieden oder Gerechtigkeit an. Mystiker jagen einer einzigen Sache hinterher, und das ist Gott. Sie folgen dabei ihrer inneren »geistigen Natur«, die instinktsicher wie ein guter Spürhund den Weg zu finden versteht. Das entspricht auch der Verwendung des Motivs in der antiken Mythologie. Dort ist der Jagdhund als treuer Gehilfe des Menschen durchweg positiv besetzt und gilt als Symbol der Zielstrebigkeit. Psychologisch gesehen bedeutet der Jagdhund die Aufgabe, die animalische Seite in uns zu zähmen und in eine hilfreiche seelische Funktion zu verwandeln. Mithilfe eines klug ausgebildeten Jagdhundanteils in unserer Seele, der mit uns die Wildnis unbekannter Seelengefilde durchstreift, können wir verborgene Ebenen der Unwissenheit und Unbewusstheit in uns aufspüren und uns darin zurechtfinden.

Die Seele ist aristokratisch

Das Motiv des Jagdhunds verrät aber noch mehr: Für Nikolaus von Kues und seine Zeitgenossen ist es ein aristokratisches Seelenbild. Jagdhunde durfte damals nur der Adel besitzen, da Jagen jahrhundertelang ein Privileg der Aristokraten und Könige war. Darum galten Jagdhunde selbst als edel (adelig) und wurden entsprechend gut behandelt. Auf eine sorgfältige Zucht und gute Tierhaltung wurde größter Wert gelegt. Außerdem waren Jagdhunde wertvolle Gastgeschenke der Adeligen untereinander.

Was zeichnet nun einen edlen Jagdhund aus? Er zeigt Lerneifer, Ausdauer, Mut, Kraft, Finderwillen, Einsatzfreude, Orientierungssinn, Spurensicherheit, Unerschrockenheit und eine gewisse Unempfindlichkeit gegenüber Schmerzen, die sogenannte »Dornenfestigkeit im Gelände«. Wenn wir das alles auf die spirituelle Ebene übertragen, bekommen wir das klare seelische Profil eines Mystikers! So unterschiedlich Mystiker als Persönlichkeiten auftreten mögen – was viele von ihnen eint, ist ihre spirituelle »Jagdleidenschaft«. Sie können von der Gottessuche nicht lassen. Diese leidenschaftlichen Typen unter den Mystikerinnen und Mystikern sind ebenso begnadete wie ausdauernde Spurenleser Gottes in der Wirklichkeit. Sie nehmen überall die Witterung des GEISTES auf. Sie verfolgen hartnäckig auch die kleinste Gottesspur. Sie wagen sich in die finstersten Ecken und »versteckten Höhlen« ihres Unbewussten vor. Die benötigte Energie dazu liefert der »verlangende Geist« in ihnen, der sie immer wieder motiviert, alle seelischen Kräfte auf diese Suche zu konzentrieren. Der Jagdhund des Nikolaus von Kues beschreibt also die aristokratische Seele selbst und sie folgt – unermüdlich suchend und in entschlossener Aufmerksamkeit – nur ihrer eigentlichen, noblen Bestimmung: Gott hinterherzujagen, um ihn ganz bestimmt zu erreichen.

Wir können mithilfe des Bildes vom Jagdhund vier Merkmale des leidenschaftlichen Mystikertyps erkennen:

1. Sie oder er richtet seinen ganzen Willen und seine ganze Liebe darauf, die eine Wirklichkeit als Einheit und Raum Gottes zu erfassen.

2. Sie oder er spürt die intensive Anziehungskraft des Absoluten, auf das die Seele zustrebt, als brennendes, beiderseitiges Verlangen.

3. Sie oder er hat dabei das unbedingte Gefühl, dass es die innerste Bestimmung des Menschen ist, diesem spirituellen Instinkt zu vertrauen und der Gottesspur in seinem Leben zu folgen.

4. Sie oder er konzentriert das eigene Selbst ganz bewusst und bestimmt auf dieses eine Ziel und schafft so die Vorbedingungen für die eigentliche Kontemplation.

Als ich die mystische Literatur nach dem Motiv der noblen Gottesjagd absuchte, ergab sich für mich eine erstaunlich reiche »Ausbeute«. Viele Mystikerinnen und Mystiker haben hier sehr persönliche Erfahrungen gesammelt und sich dazu präzise und vielfältig geäußert.

Die erste Erkenntnis: Jeder Mensch jagt etwas nach

Meister Eckhart sagt: Es liegt in der Natur des Menschen, ein Ziel zu verfolgen. Irgendetwas jagen wir immer nach, fragt sich nur, was. Eckhart betont darum, wie wichtig es zunächst für jeden Menschen ist, die derzeitige Quelle seiner eigenen Jagdleidenschaft zu erkennen. Liegt seine Motivation im materiellen oder im seelischen Bereich? Der »innere

Mensch« jagt völlig anderen Zielen nach als der »äußere Mensch«: »Was ist dies nun für ein Jagen? Nichts anderes, als dass der innere Mensch gerne auf Gott ausgerichtet wäre, wo sein eigentlicher Ort ist, und er den äußeren Menschen dahin treibt und jagt. Doch der äußere Mensch jagt auf einem anderen Weg dahin und will nach außen zu den niederen Dingen, wo ihm die eigene Statt ist. So entsteht eine Entzweiung unter den beiden.« Das ist psychologisch sehr fein beobachtet und stimmt bis heute. Wir kennen diese innere »Entzweiung« als Gefühl der Selbstentfremdung, Sinnkrise und existenziellen Frustration, unter der viele Menschen heute leiden.

Der gleichen Meinung wie Meister Eckhart ist Nikolaus von Kues. Auch er findet, dass viele Menschen zu sehr damit beschäftigt sind, sich einseitig leiblich-materiell zu orientieren. So erfahren sie nie die Entfaltung ihrer spirituellen Kraft. Ihre geistige Sehnsucht, ihre wahre menschliche Größe bleibt im Unbewussten stecken und wird in den Schatten gedrängt. Wenn wir aber keinen Weg finden, wie unser Unbewusstes mit dem bewussten Willen zusammenarbeiten kann, dann fängt es an, ihn als sein eigener Schatten zu durchkreuzen, zu verwirren oder zu blockieren. Die Entzweiung nimmt ihren Lauf.

Die zweite Erkenntnis:
Bei der Jagd nach Gott wird uns geholfen

Die mystische Jagd nach Gott will genau dieser Entzweiung entgegenwirken. Sie will die Einheit wieder herstellen. Bewusstes und Unbewusstes sollen wieder zusammenwirken dürfen. Nikolaus von Kues versichert uns, dass wir bei dieser Suche Erfolg haben werden. Die göttliche Wirklichkeit, die wir vorbewusst als unsere wahre Lebensform erfassen, sagt er, ist immer so angelegt, dass sie zu unserer persönlichen Art des Suchens passt. Es ist wie beim Jagdhund, der eine natürliche Ahnung vom Hasen in sich hat und ihm instinktiv nachsetzt. Gäbe es auf dieser Welt keine Hasen, würde der Hund nicht versuchen, ihre Fährte aufzunehmen. Genauso hat die Seele eine Vorahnung, wo und wie sie Gott finden kann, sonst würde sie gar nicht nach ihm suchen. So wie ein Jagdhund seine Spur am Boden verfolgt, so jagt die menschliche Seele aus innerem Antrieb dem »göttlichen Hasen« nach, indem sie sich instinktiv nach innen wendet.

Jan van Ruusbroec, ein flämischer Mystiker, beschrieb es so: Irgendwann wittert die Seele an einem unbestimmten Ort in ihrem Inneren das »Ausfluten der Gnade Gottes«. Dadurch gerät sie in »Aufruhr«, mobilisiert all ihre Energie und drängt zur Jagd nach der göttlichen Fülle und Schönheit. Bemerkenswerterweise konnten gerade die männlichen Teilnehmer meines Mystik-Projekts genau das an sich beobachten, als sie den Text vom Jagdhund meditierten. Ein Mann nahm schon beim ersten Lesen wahr, wie sich sein Atem beschleunigte und wie intensiv sich sein Brustkorb dehnen wollte für das sich immer mehr weitende, liebeshungrige Herz in seiner Brust. Die Rückmeldung eines anderen Mannes lautete: »Dieser Text vom Jagdhund ist einfach gewaltig; er trifft dermaßen den Punkt, dass mir tief innen ganz anders wird und, als wenn sich etwas Tieferes öffnen würde, ahne ich mehr, als dass ich verstehe: Es ist so.«

Die jagende Seele folgt dann dem inneren »Antreiben oder Jagen des Heiligen Geistes«, durchdringt unterwegs eine Bewusstseinsschicht nach der anderen und unterzieht sich dabei vielen Herausforderungen. Damit sie diese anstrengende Jagd nicht vorzeitig aufgibt, legt ihr Gott selbst als »Hase«, als »höchste Beute der Seele« eine einmalige, unverwechselbare Spur. Denn als »Beute« der mystischen Jagd winkt die Einswerdung mit Gott, die Einheitserfahrung im abgründigen GOTTESGRUND, unsere »Vergottung«, wie Meister Eckhart sagt.

Die dritte Erkenntnis:
Es gibt besonders geeignete Felder zur Jagd

Ein besonders gutes Jagdgebiet für die »Große Jagd« nach dem ewig Großen, Guten, Wahren und Schönen ist laut Nikolaus von Kues das »schöne Feld des Lobes Gottes«, auf dem seiner Ansicht nach viele große spirituelle Gestalten »in größter Ehrfurcht ihre Jagd angestellt haben«. Ist das nicht eine inspirierende Einsicht auch für eine gemeinsame »Gottesjagd« in der Gemeinde? Je mehr man Gott lobt, desto näher kommt der Jagdhund unseres Herzens dem »unendlich Lobenswürdigen«, der zugleich der »unendlich Liebenswürdige« ist. Wer also seine jagdfreudige Seele die Spur des Lobes Gottes verfolgen lässt, der nähert sich dadurch immer mehr der Liebe selbst. »So groß ihr Lieben, so groß ihr Loben«, heißt die Kurzformel von Nikolaus von Kues. Die mystische Jagd führt bei ihm direkt zum Lobgesang Gottes. Beim Lobgesang auf den »unendlich Lobenswürdigen« weitet man sich physisch und psychisch und gewinnt dabei immer mehr Raum für die Liebe. Das hingebungsvolle Lob Gottes hilft der Seele offensichtlich, das Ziel der Einswerdung nie aus den Augen zu verlieren und die eigenen Kräfte effektvoll zu bündeln.

Die vierte Erkenntnis:
Die Jagd ist sinnlos, die Jagd ist nie vergebens

Der heilige Bernhard von Clairvaux erinnert an das paradoxe »Jagdgesetz« der Mystik: »Er allein ist Gott, den man nie vergebens suchen kann, selbst wenn man ihn nicht findet.« Und Dschelaleddin Rumi meint:

»Nachjagen will ich dem Geliebten mit all meiner Leidenschaft und Kraft, bis ich erkenne: Es hat keinen Sinn, nach ihm zu suchen. Doch wie könnte ich ihn nahe bei mir wissen, ohne die ganze Welt zu durchwandern? Wie könnte ich sein Hier-Sein je erfassen, ohne mich ganz woandershin zu wagen? ... Später sagst du dir verblüfft: Hätte ich gewusst, dass ich schon immer Gott so nahe war, wie hätte ich nach ihm suchen können?«

Wer oder was aber ist die Quelle dieser leidenschaftlichen Suche in uns? Darauf hat ein christlicher Mystiker wie Walter Hilton nur eine Antwort: »Wenn du wissen willst, was jenes Sehnen ist – wahrlich, es ist Jesus selbst, denn er ist es, der sich in dir sehnt, und er ist es, der ersehnt wird. Er ist alles und er tut alles, wenn du das einzusehen vermagst. Du tust nichts, sondern du lässt geschehen, dass er in deiner Seele wirkt, und du stimmst ihm frohen Herzens zu, es in dir zu tun.« Wieder so ein Paradox: Mit dem inneren Jesus, dem inneren Christus darf sich eine sehnsuchtsvolle Seele gleich identifizieren, obwohl sie ihn ja erst noch in sich finden soll.

Meister Eckhart identifiziert die Quelle der Jagdleidenschaft mit dem göttlichen URGRUND selbst: »Der Vater ruht niemals: Er jagt und treibt allezeit dazu, dass sein Sohn in mir geboren wird.« Wer Gott mit Gottes Hilfe unermüdlich sucht, begreift irgendwann, dass Gott nicht gefunden werden kann, weil er schon überall ist. Gott muss aber gesucht werden, obwohl er überall ist.

Nikolaus von Kues erklärt dazu sehr fein, dass Gott unendlich bleibt, um *immer* das Ziel *aller* Sehnsucht zu sein. Die Unendlichkeit Gottes entspricht dabei dem Unendlichkeitsmodus unseres eigenen Bewusstseins. Obwohl wir es ja mitten in uns tragen und es uns immer nahe ist, ist es prinzipiell grenzenlos, fern und niemals vollständig erfassbar. Je mehr man Gott als unbegreiflich fern und unfassbar nahe zugleich akzeptiert, desto mehr erfasst unser eigenes Bewusstsein seine prinzipielle Gottesebenbildlichkeit und nähert sich dem fernnahen GOTTESGRUND in einem paradoxen Prozess.

Die fünfte Erkenntnis:
Auch der Jäger wird gejagt

Manche Mystiker berichten darum von einer seltsamen Umkehrerfahrung. Sie erleben in der Versenkung, dass sich die menschliche Jagd nach Gott komplett umdreht. Auf einmal wissen sie: Nicht der Mensch jagt nach Gott – es ist Gott, der den Menschen nachjagt! Wo Mystiker ihr Erfahrungswissen in solchen Paradoxien auszudrücken versuchen, können wir sicher sein, dass wir es mit einer Wahrheit von großer Tiefe zu tun haben. Rumi fasst dieses komplexe Geschehen in ganz knappe Worte:

»Du selbst bist das Tier, das wir jagen, wenn du uns auf die Jagd beglei-
test.« Gott ist bei dieser Jagd alles. Er ist Hase und Jagdhund. Er ist die
kostbare Beute und der treue Jagdgehilfe. Er ist der Jagdgrund und der
Grund zur Jagd. Und letztlich ist er auch der Jäger und die Jagdleidenschaft. Gott jagt genauso nach uns wie wir nach ihm. Dieses mystische
Phänomen erklärt Meister Eckhart sinngemäß so: »Je mehr etwas einem
anderen gleicht, desto mehr jagt es auf dieses zu. Je ähnlicher sich zwei
sind, desto schneller werden sie sich aufeinander zubewegen und desto
beglückender und wonnevoller erleben sie es.« Die Ähnlichkeit zwischen
der Seele und Gott ist die Liebe, die keine Grenzen kennt und auf den
anderen zu jagt. Mechthild von Magdeburg hörte sogar die göttliche Liebe zur Seele sagen: »Dich zu jagen war mein Drang. Dich zu fangen war
mein Begehr. Dich zu binden war meine Freude. Als ich dich verwun-
dete, wurdest du mit mir vereint.« Mechthild zieht daraus den Schluss,
dass Jäger und Gejagter einander gleichen: »Wo zwei heiße Verlangen
zusammenkommen, da ist die Minne vollkommen.«

Der Jagdhund des Himmels

Trotzdem ist es bei allem Verlangen für so manchen Menschen nicht
leicht, die Angst vor der mystischen Jagd abzulegen. Zu groß ist oft die
Furcht, von der Liebe verwundet zu werden. Das scheue Selbst wider-
strebt dann oft lange der unerbittlichen Anziehungskraft des Göttlichen
und flieht lieber vor ihr. Der englische Dichter Francis Thompson hat
das am eigenen Leib erfahren. Er war ein hochbegabter, gut aussehender
Mann, brach aber zwei Studiengänge, den der katholischen Theologie
und der Medizin, ab. Als opiumabhängiger, tuberkulosekranker Obdachloser fristete er lange ein erbärmliches Dasein. Einzig eine Prostituierte
kümmerte sich um ihn – sein »Heiland«, wie er schrieb. Äußerlich ein
extrem leidender, gescheiterter Mensch, war er doch innerlich sein Leben
lang ein leidenschaftlicher Gottessucher – und paradoxerweise immer
auf der Flucht vor Gott. Auch Thompson benutzte die mystische Me-

tapher vom Jagdhund, allerdings drehte er sie um. In seinem berühmten mystischen Gedicht »The Hound of Heaven« ist der Jagdhund nun nicht mehr die Seele. Gott selbst ist der »Jagdhund des Himmels«. Das Besondere am »göttlichen Jagdhund« ist, dass er unentwegt nach unten zu jagen bereit ist. Er dringt unerschrocken bis in unsere tiefsten Dunkelheiten, Verfehlungen und Verzweiflungen ein, er scheut nicht zurück vor dem »Schmutz und Staub der angehäuften Jahre«.

Francis Thompson schildert in herzzerreißenden Worten, wie seine beladene einsame Seele versucht, in einer »langen, langen Jagd« vor dem »Jagdhund des Himmels« zu fliehen, obwohl sie genau weiß, dass es die Liebe ist, die ihr da nachjagt. Der Grund ihrer Flucht ist Angst: Angst vor der Absolutheit dieser göttlichen Liebe, der nur eine ähnlich radikale Hingabe entsprechen würde. Der griechische Philosoph Plotin sprach lange vor Thompson davon, dass das Streben des Mystikers nach der höchsten Vereinigung einer paradoxen Flucht gleiche. Es ist »die Flucht des einzig Einen zum einzig Einen«, die zur Vereinigung führt.

Die Liebesjagd Gottes

So sind die Fluchtversuche eines Mystikers, der sich von der Liebe verfolgt fühlt, letztlich umsonst, weil er durch seine Gegenbewegung die Macht der Liebe sogar noch bezeugt. Man läuft nur vor etwas davon, das stärker ist als man selbst: »Denn Furcht weiß nicht zu fliehen, wie Liebe zu verfolgen weiß.« Und so verfolgt die göttliche Liebe die widerstrebende Seele auf sonderbar paradoxe Weise: Sie jagt ihr nach – jedoch ohne Hast. Sie eilt auf sie zu – jedoch in gelassenem Schritt. Sie bedrängt sie – jedoch mit bezwingender Zurückhaltung. Bis sie endlich am Ziel ist, die unermüdliche »Liebesjagd« der überwältigenden göttlichen Liebe nach der Seele.

Mag man sich vor dem »Jagdhund des Himmels« nun fürchten oder nicht – die Mystiker bezeugen, dass man ihm nicht entkommen kann: »Die Erde kann dem Himmel nicht entfliehen«, konstatiert Meister Eckhart.

»Sie fliehe aufwärts oder niederwärts, so fließt der Himmel in sie und macht sie fruchtbar, es sei ihr lieb oder leid. So macht es Gott mit den Menschen: Wer ihm zu entfliehen wähnt, der läuft ihm in den Schoß, denn Gott stehen alle Winkel offen.« Und weiter: »Wer Gott anhaftet, dem haftet Gott an und alle Tugend. Und was zuvor *du* suchtest, das sucht nun *dich*; wem zuvor *du* nachgejagt bist, das jagt nun *dir* nach.«

Schließlich wird es allen Suchenden auf der Jagd nach Gott so gehen können wie der Mystikerin Elisabeth von Dijon: »Ich fühle mich eingehüllt in das Geheimnis der Liebe Christi. Und wenn ich zurückschaue, sehe ich geradezu eine göttliche Jagd auf meine Seele; o, wie viel Liebe!«

Es gab nie eine Jagd

Am Ende freilich ist noch eine Einsicht möglich. Wer nach etwas sucht, empfindet sich als davon getrennt. Gott aber, der absolute URGRUND, der alles trägt, ist nie von uns getrennt und kann darum nie fern von uns sein oder uns verloren gehen. Solange wir also nach Gott suchen, vollziehen wir damit wieder und wieder eine Trennung. Der Jagdhund des Himmels könnte uns am Ende die kürzeste Spur zu Gott zeigen: dass es nichts zu suchen gibt. Gott ist immer und überall an jeder beliebigen Stelle im Kosmos in seiner ganzen unfassbaren Fülle gegenwärtig. Aus der alles umfassenden »Perspektive« Gottes, mit den »Augen«, wie GEIST die Welt »sieht«, erkennt man, dass alles zu 100 Prozent und zu jeder Zeit bei Gott ist. Gott als URGRUND vermisst uns nicht, weil er nicht von uns getrennt sein kann. Er kennt keine Suche und keinen Suchenden. Er ist das, was niemals gesucht werden muss, weil es niemals abwesend war, ist oder sein wird.

Sobald wir dieses offene Geheimnis, das in uns auf seine Entdeckung wartet, wieder erinnern, ist die große Jagd endgültig vorbei.

Aus Gottes »Sicht« hat es sie ohnehin nie gegeben.

Übungen zur Vertiefung

Die Sehnsucht ersehnen

Manche Menschen spüren keine besondere innere Energie für die Spurensuche nach Gott. Ihnen fehlt die klare Sehnsucht, die bei Mystikern die Fokussierung des GEISTES auf Gott hin unterstützt. Hier empfiehlt Meister Eckhart folgende spirituelle Übung: »Es sprechen manche, sie hätten's nicht. Da erwidere ich: Das tut mir leid. Ersehnst du es aber auch nicht, dann tut mir das noch mehr leid. Wenn ihr es denn nicht haben könnt, so habt doch ein Sehnen danach! Falls man aber auch das Sehnen nicht hat, so sehne man sich doch wenigstens nach der Sehnsucht!«

Den Zeugen wecken

Andere Menschen sehnen sich so sehr nach einer unmittelbaren Gotteserfahrung, dass sie genau mit diesem Sehnen die Trennung von Gott erzeugen beziehungsweise aufrechterhalten. Emotional ist das sehr frustrierend und schürt innere Zweifel, ob sich die Suche nach Gott überhaupt »lohnt«. Wenn es Ihnen so ergeht, können Sie Folgendes versuchen: Schlüpfen Sie mit Ihrer Aufmerksamkeit genau an den Punkt in Ihrem Bewusstsein, der glaubt, dass Ihre Gottessuche nicht ans Ziel kommen wird. Verweilen Sie unmittelbar in diesem zweifelnden Teil Ihres Bewusstseins, ohne ihn zu bekämpfen oder zu verdrängen. Lassen Sie Ihren GEIST genau an dieser Zweifelstelle wach in sich selbst ruhen, ohne irgendetwas zu erwarten. Nehmen Sie nur wahr, was Ihr GEIST in diesem Augenblick und im nächsten und im nächsten ist – ein reiner, klarer Zeuge für das, was ist. Dieses Zeugenbewusstsein hebt mit der Zeit die Illusion auf, ein von Gott getrenntes Ich zu sein.

Die Jagd nach Liebe

Meditieren Sie die drei nachfolgenden Texte und schreiben Sie dann eine Liste, wonach Sie in Ihrem Leben schon einmal gejagt haben. Was suchten und was fanden Sie in diesen Dingen, Jobs, Positionen, Freizeitaktivitäten, Prestigeobjekten, Besitztümern, Wissensinhalten, Fertigkeiten, Erfahrungen und Menschen? Was davon entspricht der Sehnsucht Gottes?

Wir sind Gottes verkörpertes Sehen

Der Mensch ist ursprünglich nichts anderes als ein verkörpertes Sehnen der Gottheit, und unser ganzes Wesen sollte bloß in dem lebendigen Gefühl jenes ewigen Sehnens bestehen ... Da nun unser Sehnen an dem Sehnen der Gottheit teilnimmt, muss es auch Teil an den Kräften der Gottheit und ihrer Weisheit haben.

▬ Louis-Claude de Saint Martin

Alle Kreaturen jagen Gott

Gott jagt mit seiner Liebe alle Kreaturen, indem sie Gott zu lieben begehren. Wenn mich einer fragte, was Gott ist, so würde ich jetzt so antworten: Gott ist ein Gut, das mit seiner Liebe alle Kreaturen jagt, sodass sie ihn wieder jagen: So lustvoll ist es für Gott, dass er von der Kreatur gejagt wird.
Alle Kreaturen jagen Gott mit ihrer Liebe; denn es ist kein Mensch so bösartig, dass er um der Bosheit willen Sünde tue; er tut sie vielmehr aus Liebesbegehren. Es schlägt einer jemanden tot: Das tut er nicht, um Übles zu tun; es dünkt ihn, dass er (selbst), solange jener am Leben ist, niemals zum Frieden komme in sich selbst. Deshalb will er Lust im Frieden suchen, denn der Friede ist liebenswert. So jagen alle Kreaturen Gott mit Liebe. Da »Gott Liebe ist«, begehren alle Kreaturen nach Liebe.

▬ Meister Eckhart

Gottesjagd

Du bist der Jagdhund im Dunkel der Nacht.
Treu bis zum Morgen hältst du die Wacht,
im Zwielicht aber verbirgst du dich sacht.

Du bist der Hochsitz mitten am Tage.
Mein Schweigen im Jetzt, in dem ich dich wage,
mein Herz dir entgegen durch Abgründe jage.

Du bist die Jagd in mir, gestern und heute.
Doch wer ist der Jäger und wer ist die Beute?
Wir zwei sind eins: unteilbare Freude.

▬▬▬ Marion Küstenmacher

Die einzige Geste

Es kann sein, dass ein Mensch geschaffen wird und ein ganzes Leben lang lebt, nur damit er ein einziges Wort spricht oder eine einzige Geste ausführt und das für den Heiligen tut. Und selbst wenn er in seinem Leben ansonsten nichts zustande bringt, wer weiß, wie ihm bestimmt ist, zu seinem göttlichen Ort zurückzukehren. Trotzdem war seine Erschaffung notwendig wegen jener einen Geste, die die Welt braucht und die nur er allein ausführen konnte. Von der Erschaffung der Welt bis zu ihrem Ende waren nicht zwei Menschen gleich und werden es auch niemals sein.

▬▬ Pinchas von Koretz

Mögen Sie diesen Text oder löst er in Ihnen eine Abwehrreaktion aus? Manche Menschen, denen ich ihn zum Meditieren gab, fühlten sich unter Druck gesetzt. Sie hatten Angst, etwas falsch zu machen, den entscheidenden Moment, das richtige Wort, die besondere Geste zu versäumen. Andere waren glücklich darüber, dass eine einzige Geste für unsere Existenzberechtigung ausreicht. Sie fühlten sich vom Druck befreit, ständig etwas Gutes, Anerkennenswertes oder Bemerkenswertes tun zu müssen. Jetzt konnten sie gelassen sein. Alles, was sie nicht zustande gebracht hatten im Leben und das sie als Feld des Versagens bedrückt hatte, war für sie durch diesen Text begnadigt worden. Sie empfanden dankbare Erleichterung. Wieder andere gewannen durch die Worte von Rabbi Pinchas ein Gefühl für ihre Würde, ihre Einzigartigkeit und ihren »Lebensauftrag« zurück. Ja, es ist notwendig, dass es mich gibt. Ja, durch mich soll das geschehen, was nur durch mich verwirklicht werden kann. Ja, ich will meine Geste vollbringen.

Aber welche Geste könnte das sein? Ich möchte Ihnen drei Geschichten erzählen von drei unterschiedlichen Gesten, die »für sich« geschahen und doch eine große Bedeutung bekamen und eine reichhaltige Wirkung entfalteten.

Die Schnecke aus dem Wald

Das erste Beispiel entdeckte ich in einem berührenden Buch, »Das Geräusch einer Schnecke beim Essen«, das ich bei einem Bücherbasar kaufte, den Freunde und ich für ein Flüchtlingsprojekt veranstaltet hatten. Geschrieben hat es Elisabeth Tova Bailey, eine amerikanische Journalistin, die nach einer Europareise an einem äußerst seltenen Virus erkrankte und fast ein Jahr lang mit schweren Lähmungserscheinungen ans Bett gefesselt war. Eines Tages bekam sie Besuch von einer Freundin, die kurz zuvor im Wald spazieren war, wo zufällig eine kleine braune Schnecke ihren Weg kreuzte. Sie hob sie, ohne sich große Gedanken zu machen, auf und nahm sie mit. Nachdem sie noch ein paar blühende Ackerveilchen ausgestochen und in einen Topf gepflanzt hatte, setzte sie spontan die Schnecke aus dem Wald unter die Veilchenblätter und brachte ihr blühendes Geschenk ans Krankenbett von Elisabeth. Auf deren Frage, warum sie die Schnecke aufgehoben habe, sagte sie nur: »Ach, einfach so.« Mit dem Einzug der Schnecke in ihr isoliertes und extrem eingeschränktes Leben fand Elisabeths Geist ein lebendiges Gegenüber. Die beiden teilten sich die Welt der Langsamkeit. Die Schnecke war – ohne dass sie es wusste oder irgendetwas anderes tat, als einfach sie selbst zu sein – von nun an die Hauptperson im Leben der Kranken. Auch die Schnecke lebte im Langsamkeitsmodus. Sie übernahm für Elisabeth viele Rollen: als stille Trösterin, Helferin gegen Einsamkeit, mutige Akteurin, geheimnisvolle Exotin, spannendes Forschungsobjekt, vertraute Gefährtin und kluge Lehrmeisterin. Elisabeth Tova Bailey wiederum wurde zur respektvollen

Beobachterin eines anderen Lebens und schließlich zu einer wissenschaftlich geschulten Expertin für Schnecken. Und das alles aufgrund einer kleinen Geste ihrer Freundin, die einem spontanen Impuls nachgegeben und eine gewöhnliche Waldschnecke aufgehoben hatte.

Die »Mutter« dieser ersten Geste ist die Aufmerksamkeit für das Kleine, Gewöhnliche, Nichtspektakuläre, wann und wo es auch unseren Weg kreuzt. Oft sind es die simplen Dinge, die kleinen Zeichen und Gesten, die erstaunliche Wirkung auf andere haben können, besonders auf junge, kranke oder alte Menschen. Hier erfasste die gesunde Freundin intuitiv das Grundbedürfnis der Kranken nach Gesellschaft und sie fand ein ungewöhnliches, aber passendes Gegenüber mit gleicher »Wellenlänge«. Unterschätzen Sie also Ihre kleinen Impulse nicht! Vielleicht leben Sie aber auch »einfach so« Ihr Leben wie die kleine Schnecke und sind, ohne es zu wissen, für jemand anderen ein lebendiges Zeichen der Hoffnung oder des Trostes.

Die Geschichte vom wankenden Superdom

Die zweite Geschichte erlebte ich selbst bei einem Enneagramm-Seminar, das ich geleitet habe. Das Enneagramm beschreibt neun verschiedene Persönlichkeitsmuster. Da man diese Muster nonverbal besonders gut erkunden kann, habe ich meinen Teilnehmern neun verschiedene Gesten und Grundgebärden vermittelt, mit denen die neun Persönlichkeitstypen frei im Raum experimentieren konnten. Da gab es zum Beispiel die Geste der vorsichtigen SECHS: die eine Hand vorwärts tastend und prüfend, die andere Hand als schützendes Schild, hinter der sie sich jeder Zeit verstecken kann. Mit dieser Gebärde erkundete die SECHS ihre Zweifel, Sicherheitsbedürfnisse und die Stärke ihres Vertrauens. Oder es gab die Geste der friedliebenden NEUN: beide Handflächen zeigen offen nach unten, schieben die Energie immer wieder Richtung Boden. Die NEUNER erlebten sich damit als Ruhestifter, wohltuend sedierend, spürten aber auch, dass sie mit dieser Geste sehr abwertend, abwiegelnd und einschläfernd sein konnten. Die Geste der DREI war konstruktiv und gestaltend, eine aktionsorientierte »Macherhand« für alle möglichen Projekte.

In einem Seminar konnten alle Teilnehmer ihre musterspezifische Geste schweigend in freiem Spiel zu der Frage nach ihrer wahren Lebensaufgabe ausgestalten. Jedem wurde dazu ein typspezifisches »königliches Amt« zugesprochen. Bei der SECHS war es zum Beispiel »Das Amt des glaubwürdigen Vertrauensmannes« oder bei der FÜNF »Das Amt des großzügigen Gastgebers«. Im Falle des DREIERS, den ich hier schildern möchte, war es das »Amt des visionären Architekten«. Menschen vom Muster DREI brennen darauf, etwas zu gestalten. Ich brauche Ihnen kaum zu sagen, mit wie viel Energie dieser Mann, von dem ich erzählen will, ans Werk ging. Schon nach Kurzem war klar, dass er etwas ganz Großes baute. Er war von Beruf Pfarrer, und was er da am besten Platz im Raum mit seinen Gebärden hochzog, war offensichtlich eine große Kirche. Irgendwann schleppte er sich einen Stuhl herbei, um noch höher zu reichen. Das ging eine ganze Weile mit vollem Einsatz so zu, bis er urplötzlich und wie vom Donner gerührt innehielt. Seine Hände hingen herunter und er starrte ungläubig vor sich hin. Nach langer Zeit löste er sich wieder aus dieser Haltung, ging auf die Knie und begann, langsam und sehr sorgfältig ein geradezu bescheidenes Fleckchen am Boden zu bearbeiten.

Was war ihm in dieser simplen Übung widerfahren? In der Austauschrunde erfuhren wir, dass er sofort eine großartige Vision gehabt hatte: eine moderne, lichtdurchflutete, spektakuläre Kathedrale für seine Gottesdienste. »Ich wollte den Superdom«, sagte er. Irgendwann kurz vor der Vollendung sah er plötzlich das ganze imaginäre Bauwerk wackeln. Es fing einfach vor seinen inneren Augen an zu schwanken und hörte nicht mehr auf. Dann kam der Moment, der ihn wie ein Schlag traf. Er sah, dass sein ganzes Werk kein Fundament hatte. Er hatte nur in die Höhe und nicht entsprechend auch in die Tiefe gebaut. »Ich stand da vor Gott und wusste: Das hat keinen Bestand. Ich sah auch, dass ich eigentlich nur vor anderen damit gut dastehen wollte, aber nicht einmal vor mir selbst damit bestehen konnte. Das hatte mein Oberflächen-Ich gebaut, nicht mein wahres Selbst. Ich hatte nur eine verdammt kleine Egovision für mich gehabt, die wie ein Kartenhaus in sich zusammenfallen konnte. Ich war bei dem, was ich da machte, völlig abgetrennt von Gott oder den Menschen, die in diese Kirche hätten kommen sollen. Das wurde mir schlagartig bewusst, als ich da so stand, und das hat mich ehrlich erschüttert.« Der Mann, der dann begann, sorgfältig am Boden ein neues Fundament zu legen, kam sich selbst dabei ein großes Stück näher: »Da unten hatte ich auf einmal Boden unter den Füßen und auch ein wirkliches Gefühl von Wahrhaftigkeit und Freude in meinen Händen beim Tun.«

Vielleicht fällt Ihnen eine typische Handbewegung ein? Dann können Sie dieser Geste erlauben, sich einmal in alle Richtungen auszutoben. Schnell – langsam, heftig – sanft, warm – kalt, groß – klein, freundlich – schroff, fröhlich – traurig, machtvoll oder schwach. Sie können eine Menge über sich lernen, während Sie Ihre Gebärden ausloten.

Vielleicht stoßen Sie auf etwas, das Sie getan haben, aber nun bereuen. Dann halten Sie sich an die Erkenntnis meines Seminarteilnehmers: »Ich habe Fehler gemacht. Entscheidend ist jetzt nicht, was ich getan habe. Entscheidend ist, was ich jetzt als Nächstes tun werde, nachdem ich meinen Fehler erkannt habe.« Damit konnte er einen neuen Handlungszyklus beginnen.

Lassen Sie sich zum Schluss von Ihrer Geste zeigen, wie viel Zuwendung, Güte und Liebe in ihr wohnen und freigesetzt werden wollen.

Der französische Gefangene

Die dritte Wirkungsgeschichte einer einzigen Geste habe ich in den Erinnerungen von Jörg Zink, dem evangelischen Theologen, Bestsellerautor und Filmemacher gefunden, nachzulesen in seinem Buch »Ufergedanken«. Jörg Zink war im besetzten Frankreich als einundzwanzigjähriger Soldat wegen eigenmächtiger Urlaubsverlängerung von einem deutschen Feldgericht zu acht Wochen Gefängnis verurteilt worden. Hier saßen neben den deutschen Häftlingen auch französische Widerstandskämpfer der

Résistance ein, die zum Tode verurteilt waren. Eines Tages beobachtete Jörg Zink durch die Gucklöcher seiner Zellentür, wie diese Gefangenen mit Blechnäpfen zum Essen anstehen mussten. Ihm fiel ein schmaler Mann mittleren Alters auf, der sich von allen anderen durch eine große Ruhe und Gelassenheit unterschied und sogar noch mit einem Lächeln bei dem bewaffneten Aufseher für die Suppe bedankte. Der Franzose ging dann zum Ende des Flurs, hielt dort für einen Augenblick still und gesammelt inne und machte mit der Hand ein Kreuzzeichen, das nun vor ihm und seinen Mitgefangenen wie in die Luft eingegraben stand. Ruhe war um ihn, während er aß, und Frieden, der aus seinem Inneren kam. Er war frei, unangreifbar aufgerichtet und gleichzeitig »spürbar geborgen mitten in dieser Hölle«, wie Jörg Zink sich erinnert.

Eines Tages war der französische Christ verschwunden, man hatte ihn hingerichtet. Aber im Bewusstsein von Jörg Zink blieb er für immer lebendig. Ihm hatte sich dessen Geste als Urerfahrung eingegraben. Der Gefangene hatte ihm damit die Spur zu Jesus von Nazaret gelegt und zu Paulus, der sich als »Gefangener des Christus« bezeichnet hatte. Eine Gefangenschaft, die sich im Kreuzzeichen des Franzosen paradoxerweise als wahre Freiheit ausgedrückt hatte. Diese zufällig beobachtete Geste führte dazu, dass Jörg Zink nach dem Krieg Theologie studierte und als Pfarrer, Bibelübersetzer, Friedensaktivist und Autor unzähligen Menschen das Evangelium vermitteln konnte. Genau diese eine Geste entfaltete eine große Wirkung – ohne dass der unbekannte Franzose jemals davon erfuhr. Er hatte sie einfach vollzogen, eine »Geste, die die Welt brauchte und die nur er allein ausführen konnte«, genau wie Rabbi Pinchas von Koretz es geschrieben hatte. Sie geschah im Einklang mit dem Dasein selbst – dadurch hat sie in aller Zeit Gültigkeit. Sie floss rein, klar und hilfreich durch die Adern des Seins, grub sich durch ihre Einmaligkeit in das Herz der Welt ein und liegt jetzt im »Schoß des Zeitlosen«, wie der jüdische Mystiker Baal Schem Tow sagen würde. Er nennt die Einmaligkeit die Form, wie ein Einzelner Ewigkeit verkörpert.

Ich bin überzeugt, auch Rabbi Pinchas würde im Kreuzzeichen des französischen Gefangenen eine Geste des HEILIGEN sehen, die diesen unheilvollen Ort für einen kurzen Moment in einen heiligen Ort verwandelt hatte. Das Kreuzzeichen des zum Tode verurteilten Franzosen brachte Christus an diesen schrecklichen, letzten Ort seines Lebens. Eine Christusgeste verwandelte das Gefängnis in einen Raum der Freiheit und Heiligkeit. Die einzigartige Qualität einer solchen Geste liegt in ihrer Natur als Ereignis Gottes im Menschen: Sie ist ein verborgen-offenbares Geschenk an die Welt. Ohne es zu wissen, hatte dieser französische Christ einem seiner deutschen Feinde die Möglichkeit geschenkt, Christus in sich Mensch werden zu lassen. Der innere Christus, der im Herzen des jungen Jörg Zink noch verborgen war, begann in ihm aufzuerstehen. Der Akteur hat nie etwas über die Wirkung seiner Geste erfahren, der Beobachter ist dennoch durch diese Geste sein Leben lang tief mit ihm in Dankbarkeit verbunden – im Licht der allumfassenden, einen Wirklichkeit.

Das Heilige singt in unseren Taten

Die jüdische Mystik betont sehr stark unsere Aufgabe, dieses Licht der einen Wirklichkeit, dessen Funken in der Vielheit der Welt zersplittert sind, durch unser heilendes Wirken wieder sichtbar zu machen. Alle Menschen sind aufgerufen, an der »Vereinigung allen Seins mit Gott« (Dweikut) mitzuwirken. Weil alle Menschen Manifestationen des Göttlichen sind, sind alle miteinander verbunden und sollten sich darum mit höchster Ehrerbietung begegnen.

Die Botschaft der jüdischen Mystiker lautet darum: In jedem Menschen ist etwas Köstliches, Einzigartiges verborgen, das in keinem anderen ist. Es ist auch in dir. Ehre darum jeden nach seinem verborgenen Ausdruck des Göttlichen, den nur er verkörpert und kein anderer sonst. Deine eigene Beschaffenheit, dies eben wie du bist, ist dein besonderer Zugang zu Gott, deine besondere Möglichkeit für ihn. Du bist, wie jeder andere Mensch auch, berufen, etwas in der Welt zur Vollendung zu bringen. Die Welt ist dunkel und zersplittert. Sie braucht jeden Einzelnen, auch dich, um wieder hell und ganz zu werden. Du kannst den Kosmos heilen und heiligen mit allem, was du tust. Wohin du auch gehst und was du auch tust – jede Geste, jede Handlung ist im Kosmos enthalten und von Bedeutung für das Ganze. Darum kannst du mit deinen kleinsten Taten dem Ganzen dienen. Deine Schritte wurden genau an diesen Ort gelenkt, an dem du jetzt bist, damit du hier ein Stück Welt mit Liebe und Güte reinigst und so mit Licht erfüllst. Wo immer du jetzt gerade bist, Gott überlässt dir diesen Ort als dein »Jerusalem«, in das er mit dir einziehen will. Versäume es nicht, diesem Ort das zu geben, was er an Fürsorge zu seiner Heilung braucht und was er nur von dir empfangen kann, um ein Stück heller, friedlicher und freier zu werden. Jede deiner Gesten ist eine Möglichkeit, mit der Kraft deiner Seele Licht an diesen Ort zu bringen und ihn so mit dem Unendlichen zu verbinden. Du wirst es als Frieden in deinem Herzen spüren. Durch dich wird sichtbar werden: Unser Sein ist da, wo unser Handeln ist. Hingabe erweist sich im Tun. In unseren Gesten kommt Gott zu den Menschen. Vertraue darauf: Das HEILIGE singt in unseren Taten.

Lassen Sie sich von der heilig-heilenden Verbindung zwischen Hingabe und Tun der jüdischen Mystik anstecken. Erlauben Sie Ihren Gesten und Taten, dass sich darin »Ihr tiefstes Glück und der Hunger der Welt begegnen«, wie es der evangelische Theologe Frederick Buechner einmal ausgedrückt hat. Augenblick für Augenblick, wo immer Sie gerade sind, eröffnen sich neue Möglichkeiten dafür. Weiten Sie Ihr Herz in aufrichtigem Gewahrsein für das, was jetzt gerade durch Sie in die Welt kommen will. Wenn Sie viele solcher kleinen Augenblicke mit Liebe, Fürsorge, Wahrhaftigkeit und Güte füllen, wird die Wahrscheinlichkeit einfach größer, dass durch sie hindurch »einfach so« und ohne dass Sie es unbedingt merken, die kostbare Geste gelingt, um die Ihr Leben die ganze Zeit wie um eine unsichtbare Nabe kreist. Welche es genau ist, braucht niemand von uns zu wissen. Es genügt, dass sie sich »einfach so«, gleichsam nebenbei und in Stille vollziehen kann. Sie wird geschehen, durch uns hindurch, aber dank ihrer Verborgenheit wird sie uns nicht mit Stolz aufpumpen, dem großen Blockierer inneren Wachstums.

Übungen zur Vertiefung

Abendliche Spurensicherung

Eine Teilnehmerin meines Mystik-Projekts war von dem Text über die einzige Geste zwar angerührt, empfand ihn aber als sehr »steil«. Würde sie diese *eine* Geste, dieses *eine* Wort versäumen, hätte sie Inhalt, Ziel und Sinn ihres Lebens versäumt. Ich teile diese Ansicht, wie Sie gesehen haben, nicht, aber ich kann ihre Sorge verstehen. Darum gefällt mir auch die Lösung, zu der sie fand. Sie variierte die Kernaussage des Textes und kreierte für sich eine Übung zur persönlichen Reflexion am Ende eines Tages. Wie ein Spurensicherer sammelt man dabei alle möglichen eigenen Gesten, Worte und Handlungen, die ohne einen selbst nicht lebendig geworden wären. Hier ist ihre Übung, mit der sie ihren persönlichen Kanal für ihre einzigartige Ausdrucksmöglichkeit von Leben, Liebe und Güte offenhält:

Rückblickend am Abend eines Tages frage ich mich, um welches Wortes, welcher Geste willen es heute gut war, dass ich da war. Welches Lächeln, welche Zärtlichkeit konnte heute niemand anderer schenken als ich? Welches Wort habe ich gesprochen, das hilfreich war und gut und das nur ich heute sprechen konnte? Was – und sei es noch so unbedeutend und klein – habe ich heute für den Heiligen getan? So betrachtet, kann in mir das Bewusstsein wachsen, dass jeder Tag einmalig und wertvoll ist, ein *Datum*, das heißt etwas Gegebenes, ein Geschenk, eine Gottes*gabe*.

Die Dinge Nächstenliebe predigen lassen

Ich möchte Ihnen eine Übung nach Martin Luther vorschlagen, bei der Sie mithilfe von beliebigen Gegenständen und Dingen bei Ihnen am

Arbeitsplatz oder zu Hause die in Ihnen schlummernden Gesten der Nächstenliebe zum Leben erwecken können. Erst einmal der von mir leicht überarbeitete Luthertext:

»Bist du ein Handwerker, so findest du die Bibel in deine Werkstatt, in deine Hand, in dein Herz gelegt, wo sie dir vorpredigt, wie du deinem Nächsten gegenüber handeln sollst. Dazu brauchst du nur dein Handwerkszeug, deine Nadel, deinen Fingerhut, dein Bierfass, deinen Kram, deine Waage, Elle und Maß anzusehen. Auf allen steht der Spruch geschrieben: Alles, was ihr wollt, dass euch die Leute tun sollen, das tut ihnen auch (Mt 7,12)! Kein Ding, mit dem du täglich umgehst, ist dafür zu klein. Jedes ist ein Prediger. Du hast doch so viele Sachen, Werkzeuge und andere Dinge in deinem Haus und Hof bereitliegen, die dir das ständig zurufen: Lieber, handle mit mir so gegenüber deinem Nächsten, wie du möchtest, dass dein Nächster dir gegenüber mit seinem Gut handelt.«

Die goldene Regel aus dem Matthäusevangelium beschreibt einen weltweit in vielen Kulturen verankerten ethischen Verhaltenskodex, der im Christentum mit aufrichtiger Nächstenliebe verknüpft ist und laut dem Philosophen Karl Popper leicht zur »Platinregel« erweitert werden kann: *Behandle andere Menschen so, wie sie gern behandelt werden möchten.* Machen Sie diese Regel zur klaren, dynamischen und leuchtenden Kraft in Ihrem Handeln. Alle Dinge, die Sie gerade vor Augen haben, können Sie jederzeit als »Prediger« oder »Hometrainer« für Ihre möglichen Gesten der Nächstenliebe nutzen. Wenden Sie sich einfach einem Gegenstand zu und lassen Sie sich von ihm zur Tat führen.

Während ich das schreibe und nach einem Beispiel suche, fällt mein Blick auf das volle Wasserglas, das ich auf meinem Schreibtisch stehen habe. Es erinnert mich zunächst daran, dass ich die Vogeltränke im Garten auffüllen könnte. Dann sagt es mir auch, dass Wasser überlebensnotwendig ist. Da fällt mir ein, dass ich gemeinsam mit Freunden noch den Rest von 345 € auftreiben will, um eine Shelterbox für Katastrophenopfer und Flüchtlinge spenden zu können. Eine solche Rettungskiste für 750 € enthält ein sturmfestes 10-Personen-Zelt mit Ofen, Werkzeug, Kochgeschirr, Solarlampe, Thermodecken, Plastikkanister und Filter für sauberes Trinkwasser. Ich überlege, dass ich ja einen guten Teil meiner DVDs übers Internet verkaufen kann, um diesem Ziel näher zu kommen. Bingo, ich weiß, was ich als Nächstes tun kann. Danke, liebes Wasserglas!

Eine Hand voll Licht

In der jüdischen Mystik gibt es den Satz: »Alles kommt vom Segnenden.« Erklären Sie Ihre Hände zu Segenshänden. Segnen Sie bewusst alles, was Sie anfassen: die Türklinken, den Sitzplatz im Bus, die Wäschestücke Ihrer Familienmitglieder, den Einfüllstutzen an der Tankstelle, den Einkaufswagen im Supermarkt, das Geldstück, mit dem Sie gerade bezahlen. Stellen Sie sich dabei vor, dass durch Ihre Hände unsichtbare Leuchtfarbe auf all diese Dinge fließt und Sie viele Lichtpunkte voller Segen kreieren. Mit der Zeit spüren Sie dabei im Handteller und den Fingerspitzen eine pulsierende Energie. Dehnen Sie dann langsam Ihre Segenslichtgesten auf Menschen aus. Geben Sie ihnen bei der Begrüßung oder Verabschiedung nicht nur die Hand, sondern auch Ihren Segen, zum Beispiel mit dem inneren Satz: »Licht und Liebe sei mit dir!«, »Friede sei mit dir!« oder »Ich segne dich, und du sollst ein Segen sein.«

Wenn etwas Neues beginnt

Suchen Sie sich aus den nachfolgenden Zitaten das aus, das Sie spontan berührt, und nehmen Sie es als ständigen Begleiter mit in eine neue Aufgabe, die Sie erwartet. Am Ende einer von Ihnen selbst gewählten Zeitspanne halten Sie Rückschau. Wozu hat Sie das Zitat motiviert? Wie hat es Ihr Denken und Handeln beeinflusst? Notieren Sie Ihre Einsichten und sprechen Sie auch mit anderen Menschen über Ihre gewonnenen Erfahrungen.

Ich bin berufen, etwas zu tun oder zu sein,
wofür kein anderer berufen ist.
Ob ich reich bin oder arm,
verachtet oder geehrt bei den Menschen,
Gott kennt mich und ruft mich bei meinem Namen.

John Henry Newman

Die Tat ist die Quelle der Heiligkeit.

Abraham J. Heschel

Wir sind Christen, aber wir tun fast nie, was Christus getan hätte.

Graham Greene

Fast alles, was du tust, wird dir unbedeutend erscheinen,
aber es ist sehr wichtig, dass du es tust.

Mahatma Gandhi

Die wichtigste und dringendste Frage im Leben ist:
Was tust du für andere?

Martin Luther King

Anmerkungen

Kapitel 1 Der Purpurtaucher

S. 6 • Dschelaleddin Rumi, Offenes Geheimnis, Eine Auswahl aus seinem poetischen Werk nach der Übersetzung von John Moyne und Coleman Barks ins Deutsche übertragen von Peter Kobbe, München 1994, S. 98

S. 8 • Henri Boulad, Alles ist Gnade. Der Mensch und das Mysterium der Zeit, Salzburg 2003, S. 34

S. 9 • Pierre Teilhard de Chardin, Lobgesang des Alls, darin: Christus in der Materie, Olten und Freiburg i.Br.1966, S. 66

S. 9 • Dietrich Koller, Andreas Ebert, Verborgene Jesusworte, Meditationen zum Thomasevangelium, Müsterschwarzach 2013, Logion 114

S. 15 • Heinrich Seuse, Vita c. 53, zitiert nach Des Mystikers Heinrich Seuse O. Pr. Deutsche Schriften. Eingeleitet, übertragen und erläutert v. Nikolaus Heller. F. H. Kerle, Heidelberg 1926

S. 16 • Nikolaus von Kues, in: Nicolaus Cusanus, Philosophische und theologische Schriften, Studienausgabe, hrsg. von Eberhard Döring, Wiesbaden 2005, Über das Sehen Gottes (de visione Dei), S.254

S. 16 • Aurelius Augustinus, Bekenntnisse (Confessiones), 13. Buch, 31

S. 16 • Meister Eckhart Predigt 6, DW, 114,4

S. 16f • Madeleine Delbrêl, Gott einen Ort sichern, hrsg. v. Annette Schleinzer, Ostfildern 2003, S. 53

S. 19 • Albert Peyriguère, Von Christus ergriffen, Luzern und Stuttgart 1967, S. 106

Kapitel 2 Die innere Fackel

S. 21 • Thomas a Kempis, Die Nachfolge Christi, Ein kernhafter Auszug aus De imitatio Christi, bearb. u. hrsg. v. E. A. Kernnwart, Zürich 1986, S. 108

S. 21f • Wilma Bucci, Psychoanalysis and Cognitive Science: A Multiple Code Theory, New York 1997

S. 23 • Augustinus, Briefe 50.11.21. zitiert nach John Stanford, Das Johannesevan-
gelium, eine tiefenpsychologische Auslegung, Teil 1, München, 1997, S. 194

S. 24 • Georg Hofmann (Hrsg.), Heinrich Seuse, Deutsche Mystische Schriften,
Düsseldorf 1986, S. 397f

S. 26 • Dionysius Areopagita, zitiert nach Willigis Jäger, Geh den inneren Weg,
Freiburg i.Br. 2001, S. 26

S. 27 • Nikolaus von Kues, Studienausgabe, Wiesbaden 2005, S. 216

S. 31 • Therese von Lisieux, Gedichte, hrsg. u. übersetzt von P. Maximilian Breig
SJ, Leutesdorf 1990 (aus dem Internet, leider ohne Seitenangabe)

Lektüreempfehlung zum Thema mystisches Schauen: Marion Küstenmacher,
Der offene Augenblick. Kleine Mystik für Neugierige, München 2012. Das Buch
ist eine Sehschule im doppelten Sinn. Es verbindet zoomartige Ausschnitte aus
Kunstwerken großer Maler mit bildlichen Mystikerworten und meinen Gedanken zu fünfzehn Schritten auf dem mystischen Weg.

Kapitel 3 Der aufgehobene Stein

S. 35 • Dietrich Koller, Andreas Ebert, Verborgene Jesusworte, Meditationen zum
Thomasevangelium, Müsterschwarzach 2013, Logion 77

S. 37f • Nelly Sachs, Das Leiden Israels, Frankfurt/M. 1969, S.100

Lektüreempfehlung zum Thema Mystik der Weltreligionen: Marion Küstenmacher, Wo die Seele Atem holt. 52 Impulse aus der Mystik für mehr Gelassenheit,
innere Ruhe und Wachheit, München 2014. In diesem Tischaufsteller mit wunderbaren Fotos verbinde ich Mystikerworte aus den Weltreligionen mit erläutern-
den Texten und 52 Übungen. Die Struktur basiert auf Meister Eckharts mystischem Bildungsweg für die Seele: einbilden, ausbilden, entbilden, überbilden.

Kapitel 4 Der eingewickelte Gott

S. 48 • Willigis Jäger, In jedem Jetzt ist Ewigkeit, Worte für alle Tage, München 2003, S. 169

S. 56 • Erich Neumann, Der schöpferische Mensch, Darmstadt 1965, S. 162

S. 57f • Meister Eckhart, zitiert nach Peter Reiter, Geh den Weg der Mystiker. Meister Eckharts Lehren für die spirituelle Praxis im Alltag, Freiburg 2001, S. 28

S. 60 • Gertrud die Große, Gesandter der göttlichen Liebe. Nach der Ausgabe der Benediktiner von Solesmes übersetzt von Johannes Weißbrot, Freiburg 2001, S. 96

Lektüreempfehlung zum Thema Bewusstseinsentwicklung und Gottesbilder: Marion Küstenmacher / Tilmann Haberer / Werner Küstenmacher, Gott 9.0, Wohin unsere Gesellschaft spirituell wachsen wird, Gütersloh 2010. Das Buch enthält auch ein umfangreiches Kapitel über die mystischen Bewusstseinszustände bis hin zur non-dualen Erfahrung mit zahlreichen Beispielen aus Judentum, Christentum und Islam.

Kapitel 5 Das freigelassene Schaf

S. 63 • Dschelaleddin Rumi, Offenes Geheimnis, Eine Auswahl aus seinem poetischen Werk nach der Übersetzung von John Moyne und Coleman Barks ins Deutsche übertragen von Peter Kobbe, München 1994, S.24

S. 71f • Moulana Galal ad-Din Rumi, Matnawi, Erster Band, 1. und 2. Buch, Köln 1999, II. Buch, S. 469.

S. 72f • C. G. Jung, Gesammelte Werke, Sonderausgabe Düsseldorf 1995, Bd. 11, Zur Psychologie westlicher und östlicher Religion, S.66

Kapitel 6 Der liebliche Platz

S. 77 • Gertrud die Große, Gesandter der göttlichen Liebe, Nach der Ausgabe der Benediktiner von Solesmes übersetzt von Johannes Weißbrot, Freiburg i.Br. 2001,II/3, S. 76. Den Text habe ich, auch im folgenden Verlauf, gekürzt und sprachlich angepasst.

S. 78 • Jakob Böhme, Drei Prinzipien, VIII, 12, zitiert nach: Walter Nigg, Heimliche Weisheit.Mystisches Leben in der evangelischen Christenheit, Zürich und München1987, S. 159

S. 82 • Henry David Thoreau, Walden oder Leben in den Wäldern, Zürich 1971, S. 138 und 141

Lektüreempfehlung zum Thema Natur als Spiegelraum der Seele: Marion Küstenmacher, Der Seele einen Garten schenken – Vom Zauber der Blumen und einfachen Dinge, Gütersloh 2017

Kapitel 7 Die unheilige Kuh

S. 90 • Meister Eckhart, Deutsche Predigten und Traktate, hrsg. und übersetzt von Josef Quint, München 5. Aufl. 1978, S. 226f

S. 97 • Die Wolke des Nichtwissens, Hrsg. Willi Massa, Mainz 1974, S. 71, und Die Wolke des Nichtwissens, übertragen und eingeleitet von Wolfgang Riehle, Einsiedeln 1999, Kap. 34, S. 91

S. 100 • Sam Keen, Das Feuer im Herzen entfachen, Freiburg 2011, S. 120

Kapitel 8 Der tote Handschuh

S. 106 • Hans Engelbrecht, in Sloterdijk (Hrsg.): Mystische Zeugnisse aller Zeiten und Völker gesammelt von Martin Buber, Diederichs DG 100, S. 244

S. 114 • Madeleine Delbrêl, Gott einen Ort sichern, Ostfildern 2002, S. 60

S. 116, 120 • Karl Barth, Der Römerbrief. 2. Fassung 1922, Zürich 2010. Der Begriff »Hohlraum« als Bild für den Glauben findet sich auf S. 56, 59, 66, 77, 86 und 93

Kapitel 9 Der Jagdhund des Himmels

S. 121 • Rudolf Haubst, Die Christologie des Nikolaus von Kues, Freiburg i. Br. 1956, S. 54

S. 129f • Francis Thompson, Shelley. Ein Korymbo für den Herbst. Der Jagdhund des Himmels, Innsbruck 1925

S. 130 • Plotin, 6. Enneade IX,8f

S. 133 • Louis-Claude de Saint Martin, Sein Leben und theosophische Werke, Stuttgart 1891, S. 178

Lektüreempfehlung für eine poetisch-mystische Suche: Marion Küstenmacher, Der kosmische Fisch. Texte zur mystischen Erfahrung, Edition Waxenstein 2013, Privatdruck, nur über mich unter mystik@tiki.de erhältlich

Kapitel 10 Die einzige Geste

S. 135 • Pinchas von Koretz, in: Lawrence Kushner, Jüdische Mystik. Basistexte aus drei Jahrtausenden, München 2003, S. 134

S. 136f • Elisabeth Tova Bailey, Das Geräusch einer Schnecke beim Essen, München 2012

S. 137f • Zum Enneagramm empfehle ich folgendes Buch: Andreas Ebert / Richard Rohr, Die neun Gesichter der Seele, München 1989

S. 139f • Die Geschichte vom französischen Gefangenen findet sich in: Jörg Zink, Ufergedanken, Gütersloh 2007, S. 72–75

S. 144 • zur Übung nach Martin Luther: Den Originaltext habe ich gekürzt und sprachlich überarbeitet. Er stammt aus den Wochenpredigten Luthers über Matthäus, WA 32. Ich zitiere nach: Lutherlexikon, hrsg. von Kurt Aland, Göttingen 1983, S. 169

S. 144f • unter http://www.shelterbox.de findet man alles Wissenswerte über die Rettungskiste und die bisherigen beziehungsweise aktuellen Einsatzgebiete.

Im Buch erwähnte Personen

Mystikerinnen und Mystiker

Aurelius Augustinus (354–430): spätantiker Philosoph, Bischof von Hippo Regius, Kirchenvater mit großem Einfluss auf die Theologie des Abendlandes, schrieb u. a.: *Über den Gottesstaat, Von der Unsterblichkeit der Seele, Bekenntnisse* (Autobiografie) • 16, 23f, 47, 53, 147f

Bernardino de Laredo (1482–1540): spanischer Arzt und Apotheker, franziskanischer Laienbruder, Hauptwerk: *Besteigung des Berges Zion* • 78

Bernhard von Clairvaux (etwa 1090–1153), französischer Abt und Erneuerer des Zisterzienserordens, Kreuzzugsprediger, Christusmystiker, Mariologe • 127

Birgitta von Schweden (1302–1373): schwedischer Adelige, Mutter von 8 Kindern, Hofmeisterin, politisch aktive Beraterin zweier Päpste, Gründerin des Erlöserordens und eines Hospizes, von der römisch-katholischen Kirche als Heilige und Patronin Europas verehrt, zahlreiche Visionen • 61

Jakob Böhme (1575–1624): protestantischer Schuhmachermeister aus Görlitz, laut Hegel »der erste deutsche Philosoph« und dialektische Theosoph, einflussreicher Verfasser mystischer Schriften zur Gottesgeburt auf dem Seelengrund, darunter: *Aurora, Christosophia, De tribus principiis* • 57f, 78, 150

Henri Boulad (geboren 1931): ägyptisch-libanesischer Jesuit, Literaturwissenschaftler, Theologieprofessor, Philosoph, Rektor des Jesuitenkollegs von Kairo. Zahlreiche Schriften, darunter 2007 kritischer Brief *SOS für die Kirche von heute* an Papst Benedikt XVI. mit Forderung nach umfassenden Reformen • 8, 147

Cloud-Autor (14. Jahrhundert): Verfasser u. a. der *Wolke des Nichtwissens* und *Buch der mystischen Unterweisung*, unbekannter englischer Kartäuserpriester und Kontemplationslehrer, lebte vermutlich in der Kartause Beauval in Yorkshire • 97

Madeleine Delbrêl (1904–1964): französische Sozialarbeiterin, politisch aktiv, lebte in einer Frauenkommunität ohne Gelübde und Regeln in der kommunistisch geprägten Industriestadt Ivry, mystische Schriften wie *Leben gegen den Strom* • 16f, 113, 147, 150

Dionysius Areopagita (5.–6. Jahrhundert): Pseudonym eines frühchristlichen Autors und Kirchenvaters, vermutlich syrischer Mönch. Vertreter der negativen Theologie, in der betont wird, was Gott nicht ist, um zum unsagbaren Einen zu kommen. Werke: *Die göttlichen Namen, Die mystische Theologie* • 26, 148

Karlfried Graf Dürckheim (1896–1988): Diplomat, Vertreter der transpersonalen Psychologie, Begründer der initianischen Therapie, Zenlehrer • 8

Elisabeth von Dijon, auch Elisabeth von der heiligsten Dreifaltigkeit (1880–1906): französische Karmelitin, lebte »mit Gott wie mit einem Freund«, schrieb *Gebet an die Heilige Dreifaltigkeit* • 131

Ralph Waldo Emerson (1803–1882): amerikanischer Pastor, Philosoph und Schriftsteller, Führer der Transzendentalisten in Neuengland, Gegner der Sklaverei, schrieb u. a. *Nature, Conduct of Life, Society and Solitude* • 79, 86

Hans Engelbrecht (1599–1642): protestantischer Tuchmachergeselle aus Braunschweig, der nach einem Nahtoderlebnis seine ungewöhnlichen Erfahrungen in *Wahrhaftige Gesicht und Geschicht vom Himmel und Hölle* veröffentlichte und als Prediger wirkte • 106ff, 150

Ephräm der Syrer (306–373): syrischer Asket in Nisibis und Edessa (heutige Türkei), Heiliger, Kirchenlehrer, zahlreiche Schriften zur Bibel, Dichter von mystischen Hymnen und Marienliedern • 33

Franz von Assisi (1181–1226): lebte in der radikalen Nachfolge Jesu das Evangelium der Armen, Gründer des Ordens der minderen Brüder (Franziskaner), Verbrüderung mit der Schöpfung, Werke: *Sonnengesang* und *Meditationen* • 69

Franz von Sales (1567–1622): Bischof von Genf, spiritueller Bestsellerautor, vertrat die Freundlichkeit der Gottesliebe, 1665 heiliggesprochen, seit 1877 zum Lehrer der römisch-katholischen Kirche erhoben • 79

Gertrud die Große (1256–1301): akademisch gebildete Zisterzienserin im Kloster Helfta, biblisch-liturgische Mystik, zahlreiche Visionen betonen die Botschaft von Gott als Liebe und Güte. Heilige. Wichtigste Werke voller poetischer Bilder: *Gesandter der göttlichen Liebe, Geistliche Übungen* • 60, 77, 80ff, 88, 149

Ignatius von Loyola (1491–1556): baskischer Edelmann und Offizier, nach Verwundung lebte er als Einsiedler; Jerusalempilger, Studium der Philosophie und Theologie, Priester, Gründer des Jesuitenordens (Societas Jesu SJ), Werke: Autobiografischer *Bericht des Pilgers, Geistliche Übungen*, über 6800 Briefe • 48, 50

Willigis Jäger (geboren 1925): deutscher Benediktiner, Theologe, Priester, Schüler von Hugo Enomiya-Lasalle und Yamada Ko-Un Rōshi, Zenmeister, Chan-Meister, Gründer der Würzburger Schule der Kontemplation und lange Jahre Leiter des spirituellen Zentrums Benediktushof, Werke u.a.: *Die Welle ist das Meer: mystische Spiritualität, Kontemplatives Beten* • 48, 59, 148f

Jan van Ruusbroec (1293–1381): flämischer Theologe, Priester und Prior einer Gemeinschaft von Augustiner-Chorherren in Groenendaal bei Brüssel. Schüler Meister Eckharts, *doctor ecstaticus*, Werke: *Das Büchlein von der höchsten Wahrheit, Die Zierde der geistlichen Hochzeit, Vom glänzenden Stein* • 126

Johannes Cassian (um 360–430/435): Mönchsvater, bedeutender Lehrer des ostkirchlichen Herzensgebets, Werke: *Unterredungen mit den Vätern* • 79

Johannes vom Kreuz (1542–1591): spanischer Armenpfleger, Karmelit, Priester und Eremit, Ordensreformer, gemeinsam mit Teresa von Ávila, Klostergründer, Kirchenlehrer, mystischer Dichter, Werke: *Aufstieg zum Berg Karmel, Die dunkle Nacht, Geistlicher Gesang, Lebendige Liebesflamme* • 34, 88

Meister Eckhart (1260–1328): deutscher Dominikanermönch, Professor für Theologie in Paris und Köln, Ordensprovinzial. Rege Predigertätigkeit, lehrte die non-duale Einheit mit Gott (*unio mystica*) • 16, 24, 26, 46, 52, 57, 59, 74, 79, 90, 94, 96ff, 104, 118, 124ff, 131ff, 147ff

Mechthild von Hackeborn (1240–1299): deutsche Adelige, Zisterzienserin, kam als Siebenjährige ins Kloster Rodarsdorf, später Helfta. Ihre mystischen Erfahrungen wurden von Mitschwestern in den *Revelationes Gertrudianae ac Mechthildianae* als *Das Buch der besonderen Gnade* aufgeschrieben • 8, 79

Mechthild von Magdeburg (etwa 1207–1282): adelige Begine mit mystischen Erfahrungen seit ihrer Kindheit. Lebte zuletzt im Kloster Helfta, wichtigstes Werk: *Das fließende Licht der Gottheit* • 129

Miguel de Molinos (1628–1696): spanischer Priester, Seelsorger und Spiritual von Papst Innozenz XI., Autor einflussreicher Lehrbücher zum kontemplativen Gebet, wurde als Ketzer denunziert, zu lebenslanger Haft verurteilt und vermutlich vergiftet, Werke: *Guia espiritual* • 79

Nikolaus von Flüe (1417–1487): genannt »Bruder Klaus«, Schweizer Bauer, Ratsherr, Richter, Einsiedler und politischer Ratgeber. Analphabet, zahlreiche Visionen, u. a. vom erschreckenden Gottesantlitz. Versenkung in das Leiden Christi und die Dreifaltigkeit. Schutzpatron der Schweiz • 70, 105

Nikolaus von Kues, auch Cusanus oder de Cusa (1401–1464): deutscher Theologe, Philosoph, Mathematiker, Kardinal, Hospizgründer. Lehrte das Zusammenfallen der Gegensätze (*coincidentia oppositorum*) zu unendlicher Einheit. Erhalten ist seine Bibliothek: über 50 Schriften, 300 Predigten und zahlreiche Briefe • 15, 27, 38, 74, 121ff, 147ff

Paulus von Tarsus (etwa 5–64): jüdischer Toralehrer und Pharisäer, römischer Bürger. Nach mystischem Christuserlebnis Bekehrung, Missionar des Urchristentums und erster christlicher Theologe, Albert Schweitzer schrieb ein Buch über *Paulus als Mystiker* • 6, 17, 53, 59, 62, 115, 140

Albert Peyriguère (1883–1959): französischer Priester, lebte 35 Jahre lang als Krankenpfleger unter Berbern und Muslimen in El Kbab/Marokko. Mystische Briefe *Von Christus ergriffen; Herr, weise mir den Weg* • 19, 105, 147

Pinchas von Koretz (1728–1791): Schullehrer, Rabbi, chassidischer Heiliger in der Ukraine, lehrte, durch »mehr Liebe« den Riss zu schließen, den Böses und Hass in der Welt erzeugen • 79, 135, 140, 151

Plotin (204–270): ägyptischer Philosoph, Begründer des Neuplatonismus, Lehre vom EINEN (*to hen*) als dem non-dualen Existenzgrund aller Dinge, frei von allen Gegensätzen, wichtigstes Werk: *Enneaden* • 130, 151

Dschelaleddin Rumi (1207–1273): persischer Dichter und Mystiker des Nondualen, Gründer des Mevlevi-Ordens der tanzenden Derwische. Hinterließ Tausende von Versen, u. a. in *Masnawi, Mathnawi, Diwan-e Schms-e Tabrizi* • 6, 33, 63, 68, 71, 79, 104, 106, 115, 127, 129, 147, 149

Louis-Claude de Saint Martin (1743–1803): französischer Theosoph und Übersetzer Jakob Böhmes • 133, 151

Heinrich Seuse (1300–1366): deutscher Dominikaner, Schüler Meister Eckharts, Seelsorger und hochgebildeter Autor mystischer Schriften wie *Das Exemplar, Vita, Büchlein der ewigen Weisheit* • 15, 24, 79, 147f

Angelus Silesius (1624–1677): deutscher Arzt und zum Katholizismus konvertierter Theologe und Dichter. Seine mystischen Erfahrungen verarbeitete er zu zweizeiligen Epigrammen in *Der cherubinische Wandersmann* • 58, 79

Elsbeth Stagel (etwa 1300–1360): Schweizer Dominikanerin, Priorin in Töss, Briefwechsel mit Heinrich Seuse, Mitverfasserin des Tösser Schwesternbuches • 15

Symeon der Neue Theologe (949–1022): Einsiedler in der Nähe von Konstantinopel, Mystiker, Kirchenlehrer der Ostkirche, praktizierte das Herzensgebet und schrieb nach seiner Erleuchtung die berühmten Hymnen *Licht vom Licht* • 115

Johannes Tauler (1300–1361): deutscher Theologe und Dominikaner aus Straßburg, erhalten sind rund 80 deutsche Predigten mit vielen praxisnahen Beispielen aus seinem Seelsorgedienst für Nonnen und Beginen • 79

Teresa von Ávila (1515–1582): spanische Karmelitin, Ordenserneuerin und Mystikerin, 1970 als erste Frau zur Kirchenlehrerin erhoben. Einflussreiche Werke: *Wohnungen der inneren Burg, Weg der Vollkommenheit, Das Buch meines Lebens (vida)* • 53, 79, 97

Pierre Teilhard de Chardin (1881–1955): französischer Jesuit, Theologe, Geologe, Anthropologe, Paläontologe, vertrat eine neue Synthese von Religion und Wissenschaft durch seine mystische Evolutionslehre, Werke: *Das göttliche Milieu, Lobgesang des Alls, Der Mensch im Kosmos* • 9, 86f, 147

Gerhard Tersteegen (1697–1769): Seidenbandweber, evangelischer Mystiker, Seelsorger mit heilkundlichen Kenntnissen, Dichter geistlicher Sinnsprüche und mystischer Lieder wie *Gott ist gegenwärtig* • 79, 105

Therese von Lisieux (1873–1897): französische Karmelitin, ging den »kleinen Weg der Liebe« als Sich-lieben-Lassen von Gott. Seit 1997 Kirchenlehrerin, Autobiografie: *Geschichte einer Seele* • 31, 148

Thomas von Kempen (1380–1471): Mitglied der Brüder vom gemeinsamen Leben, Augustinerchorherr und Novizenmeister im Kloster Agnetenberg bei Zwolle, Vertreter der *Devotia moderna*, Verfasser des nach der Bibel meistgelesenen christlichen Buches *Nachfolge Christi* • 21

Francis Thompson (1859–1907): englischer Dichter, abgebrochenes Studium der katholischen Theologie und Medizin, opiumsüchtig, lebte teilweise vom Streichhölzerverkaufen und als Obdachloser, schrieb viele seiner mystischen Gedichte im Kloster Storrington, Sussex • 129f, 151

Henry David Thoreau (1817–1862): amerikanischer Mystiker, Lehrer und Gelegenheitsarbeiter, Vorreiter eines gewaltfreien Widerstands gegen Unrechtsstrukturen, lebte zwei Jahre als Waldeinsiedler, Werke: *Walden, Poems of Nature, Walking* • 82, 150

Simone Weil (1909–1943): jüdische, französische Philosophin, Sozialkritikerin, politische Aktivistin mit mystischen Christuserfahrungen, Werke: *Schwerkraft und Gnade, Das Unglück und die Gottesliebe* • 87

Weitere erwähnte Personen

Zitierte Bibelstellen

Impulse für jeden Tag

192 Seiten | Gebunden
mit Leseband
ISBN 978-3-451-00555-8

Gute Gedanken sind wie ein Spaziergang für den Geist. Es ist
ganz einfach: Man verlässt den gewohnten Platz, bewegt sich,
spürt frischen Wind und neue Energie. Werner Tiki Küstenmachers
Gedankengänge laden ein, neue Kraft zu tanken: Kraft, die Sie
weiterbringt. Und die Sie weitergeben können. Impulse für jeden
Tag: am Morgen, am Abend oder irgendwann zwischendurch.

In jeder Buchhandlung!

HERDER